Claudius GRILLET

DOCTEUR ÈS LETTRES, LAURÉAT DE L'ACADÉMIE FRANÇAISE

Victor Hugo Spirite

LIBRAIRIE EMMANUEL VITTE

LYON (IIᵉ)   PARIS (VIᵉ)

3, place Bellecour, 3   1, place Saint-Sulpice, 1.

1929

Victor Hugo spirite

Claudius GRILLET

DOCTEUR ÈS LETTRES, LAURÉAT DE L'ACADÉMIE FRANÇAISE

Victor Hugo Spirite

LIBRAIRIE EMMANUEL VITTE

LYON (IIe)   PARIS (VIe)

3, place Bellecour, 3   1, place Saint-Sulpice, 1.

1929

BIBLIOGRAPHIE

1° Travaux utilisés dans l'ensemble de cette étude.

Claudius GRILLET : *Victor Hugo spirite* (Correspondant du 10 juillet 1914).

Paul BERRET : *Victor Hugo spirite* (Revue des Deux Mondes du 1er août 1922).

Gustave SIMON : *Chez Victor Hugo. Les tables tournantes de Jersey*, 1923.

2° Travaux utilisés pour la première partie.

Auguste VACQUERIE : *Les miettes de l'histoire*, 1863.

Jules BOIS : *Les tables de Jersey* (Revue Bleue du 27 janvier 1906).

Léon DAUDET : *Fantômes et vivants*, 1914.

3° Travaux utilisés dans la deuxième partie.

L'influence sur l'homme.

SAVETIER-LAROCHE : *Affirmations et doutes*, 1855.

Richard LESCLIDE : *Propos de table de Victor Hugo*, 1885.

Octave UZANNE : *Propos de table de Victor Hugo en exil*, 1892.

L. CLARETIE : *Les causeries de Victor Hugo* (Revue de Paris, 1er juillet 1894).

Ch. RENOUVIER : *Victor Hugo-le philosophe*, 1900.

N. MARTIN-DUPONT : *Victor Hugo anecdotique,*
1904.

Paul STAPFER : *Victor Hugo à Guernesey.* — Souvenirs personnels, 1905.

L'influence sur le poète.

Paul BERRET : *La philosophie de Victor Hugo
(1854-1859) et deux mythes de la Légende des
siècles,* 1910.

Claudius GRILLET : *La Bible dans Victor Hugo,*
1910.

L'influence sur l'artiste.

LARROUMET (G.) : *La maison de Victor Hugo,
impressions de Guernesey,* 1895.

A. ALEXANDRE : *La maison de Victor Hugo,* 1903.

Gustave SIMON : *Un pèlerinage à Hauteville-
House* (An. polit. et littér., 9 nov. 1913).

Raymond ESCHOLIER : *Victor Hugo artiste,* 1926.

PREMIÈRE PARTIE

Les tables tournantes de Jersey

LES FAITS

CHAPITRE PREMIER

Avant les tables tournantes.

SOMMAIRE. — Hugo à Jersey. —Les lieux. — Les compagnons
de solitude. — Conversations et lectures. — Visite de
Madame de Girardin à Jersey. — Les *tables tournantes* de
Jersey.

Non loin de Saint-Hélier, la capitale de l'île
de Jersey, s'ouvre une étroite petite vallée où
s'engouffrent les flots à la grande marée, et les
vents en toutes saisons. En 1852, le site était
désert ; seule, blottie dans ce renfoncement, une
maison frileuse, toute blanche, « Marine-Terrace ».
C'est là que Victor Hugo, exilé du Deux-Décembre,
reposait comme enseveli. Ni fleurs, ni couronnes.
Ce sol désolé s'excusait sur la brise marine de
n'avoir pas de verdure. Pour égayer le paysage, un
dolmen tout proche, un cimetière voisin.

Ce cimetière rappelait au poète une autre tombe,
près d'un autre rivage. Il n'y avait pas encore

longtemps, à Villequier, des flots pareils à ceux d'ici, des vents semblables, lui avaient ravi sa fille aînée, « celle qui est restée en France », comme il l'appelle, dont l'absence est doublement sentie dans cet isolement de l'exil, et qu'il ne nomme pas autrement, comme si de nommer seulement Léopoldine, c'eût été souffler sur une cendre ardente.

De quelque côté que se tournât l'exilé, sa pensée ne rencontrait que des suggestions de force, d'effroi et de deuil : là-bas, l'océan ; partout, la tempête ; et quand, par hasard, ces grandes voix se taisaient, c'était le silence, encore plus inquiétant, de ce dolmen et de ces tombes.

> Jersey dort dans les flots, ces éternels grondeurs...
> Les rocs semblent frappés d'attitudes rêveuses ;
> Dans leurs antres, ainsi qu'aux fentes d'un pressoir,
> L'écume à flots bouillonne et luit ; quand vient le soir,
> La forêt jette au vent des notes sybillines ;
> Le dolmen monstrueux songe sur les collines ;
> L'obscure nuit l'ébauche en spectre ; et dans le bloc
> La lune blême fait apparaître Moloch.

(« Les Quatre Vents de l'Esprit. » « Le Livre lyrique, » XIV ; 8 octobre 1854.)

> L'air sanglote et le vent râle
> Et, sous l'obscur firmament,
> La nuit sombre et la mort pâle
> Se regardent fixement.

(*Ibid.*, XXI.)

Il avait d'autres compagnons de solitude, heureusement. Faut-il dire : heureusement? La colonie étrangère de Jersey formait, en vérité, le milieu le moins folâtre qui se pût imaginer. Elle se composait surtout d'exilés politiques. Toutes les révolutions en sens contraire qui, vers 1848, avaient agité le continent, avaient déversé dans l'île leurs contingents de bannis. On en comptait plus de trois cents. Par certains côtés, leur assemblée tenait du rassemblement, et leur rassemblement du ramassis. Toutes les opinions, même les respectables, à condition qu'elles fussent extrêmes, y étaient représentées.

Tout frémissants d'ardeurs inemployées, ils se mouraient d'inaction et de nostalgie. Surtout de nostalgie. Divisés par tout le reste, ils ne faisaient bien et à la fois que le seul geste qui les tendait, pleins de regrets, vers leur patrie. Ils étaient unis seulement dans les pleurs. Et la tristesse contagieuse de leur présence à Jersey y renforçait encore la mélancolie des choses.

Mais Hugo les voyait peu, ou ne les voyait pas.

Parmi ceux qu'il accueillait le moins rarement, il nous faut signaler ici, pour l'état d'esprit qu'ils apportaient à Marine-Terrace, ou qu'ils y entretenaient, un petit groupe de doux rêveurs que leurs idées ou leurs manies apparentaient aux philosophes spirites : le saint-simonien Pierre Leroux ; son jeune disciple, Philippe Faure ; une émigrée russe, Mme Engelson ; le futur commu-

nard Allix, et Pelleport, le futur gérant du
Rappel [1].

Pierre Leroux [2] admettait l'immortalité de
l'espèce humaine au moyen d'une série de renais-
sances personnelles et de réincarnations successives.

Philippe Faure assurait, quant à lui, et avec une
conviction profonde, qu'il avait gardé le souvenir
de ses propres existences antérieures. Il se rappelait fort bien, par exemple, avoir assisté à la cruci-
fixion de Jésus-Christ, et il décrivait par le menu
les émotions que ce spectacle lui avait fait éprou-
ver [3].

-----

[1] Parmi les autres, citons au hasard : Bonnet-Duverdier,
Ribeyrolles, les Hongrois Téléki et Kesler, les ex-représentants
du peuple Colfadru et Dulac, les généraux Le Flô, Meszaros et
Percsel. (Cf. *les Miettes de l'histoires*, par Auguste VACQUERIE.
Paris, Pagnerre, 1863. In-16, *passim.)*

[2] Le plus proche voisin de Victor Hugo, mais pas son voisin
d'âme. Ils échangeaient des antipathies sincères. Et, pourtant,
ils aimaient se rencontrer dans des controverses sans fin.
L'attrait de se heurter les rapprochait. Des éclairs jaillissaient
de ces chocs : nous devons à cette paradoxale collaboration
de fort beaux vers des *Contemplations* en particulier les pièces
« A quoi songeaient les deux cavaliers et « Relligio ». Cf. Paul
BERRET : « la Philosophie de Victor Hugo (1854-1859) et
« Deux mythes de la légende des siècles. Le satyre. Pleine
mer. » « Plein ciel ». Paris, Henri Paulin, 1910. In-8°, pp. 37-41.

[3] Cf. *Victor Hugo anecdotique*, par N. MARTIN-DUPONT,
p. 118. (Paris, A Storck et Cᵉ, 1904. In-16.)

D'ailleurs, cette métempsychose est à la mode entre les
années 1850-1860. Et je serais fort surpris que Flaubert,
qui observe alors avec une minutie de myope les manies

Mme Engelson, « qui avait suivi son mari en exil, où il était mort, causait journellement avec son esprit, au moyen d'une aiguille mobile qui se mouvait sur un pivot, au-dessus d'une planchette ronde portant à son pourtour les lettres de l'alphabet [1] ».

Allix, lui, avait inventé « les escargots sympathiques [2] ».

Pelleport, enfin, plus éclectique dans sa pitié, s'attendrissait indistinctement sur tous les êtres frêles, petits enfants, petits oiseaux, petites fleurs [3].

Les conversations avec de tels visiteurs prolongeaient, chez le poète, les suggestions de ses lectures. A tout prendre, ce grand liseur lisait peu. Il aimait lire, mais il lisait surtout ceux qu'il

---

de ce temps, n'eût pas noté ce trait de mœurs dans *Madame Bovary*. Justement, un de ses héros, le beau Rodolphe, le premier séducteur d'Emma Bovary, ne manque pas, dans l'habile entretien qui doit la réduire, de faire servir la doctrine spirite à sa diplomatie amoureuse.

« Le jeune homme expliquait à la jeune femme que ces attractions irrésistibles tiraient leur cause de quelque existence antérieure.

— Ainsi, nous, disait-il, pourquoi nous sommes-nous connus? Quel hasard l'a voulu? C'est qu'à travers l'éloignement, sans doute, comme deux fleuves qui coulent pour se rejoindre, nos pentes particulières nous avaient poussés l'un vers l'autre. »

[1] *Ibid.*, p. 94. Sur son commerce intellectuel avec Hugo, cf. *ibid.*, p. 173.

[2] *Ibid.*, p. 104.

[3] *Ibid.*, p. 115.

aimait. Il se montrait aussi difficile en livres qu'en amis : et, à travers leurs paroles ou leurs lignes, c'était encore lui-même qu'il cherchait. Elle n'en est que plus significative la faveur qu'il marque, vers 1853, à la littérature occultiste. En attendant que paraisse Allan Kardec, — dont il se procurera toutes les productions [1], — il s'intéresse à des ouvrages aux titres suggestifs :

Du Potet, *la Magie dévoilée ou la science occulte*, imp. Pommeret, 1852.

Études de M..., *Des esprits et de leurs manifestations fluidiques*, Paris 1853.

Alcide Morin, *Comment l'esprit vient aux tables, par un homme qui n'a pas perdu l'esprit*, Librairie nouvelle, 1853.

Jean Reynaud, *Terre et ciel*, 1854.

Victor Hennequin (mort en pleine folie, en 1854, le cerveau dérangé par les tables tournantes). *Religion*, Paris, Dentu, 1854.

Alexandre Weil, *les Mystères de la création*, Paris, Dentu, 1855.

Visiblement, ces auteurs ténébreux exercent sur lui une attirance toujours obéie. Il leur sait gré des rêves spirites qu'ils lui versent à profusion et dont il accueille l'ivresse avidement : sombre et troublante liqueur qui, s'insinuant dans son âme trop bien disposée à la recevoir, va commu-

---

[1] Cf. Berret, *la Philosophie de Victor Hugo*, op. cit., pp. 57-58.

niquer à son œuvre comme un air de fièvre et de délire [1].

Mais, j'anticipe. Et j'excède. D'autres causes que son entourage, son tempérament et ses lectures contribuèrent à développer en Victor Hugo le mal dont il est atteint à partir de 1853. Il n'apprit dans les livres que le *Credo* spirite. Son initiation pratique à la foi spirite s'explique par une influence plus immédiate et fortuite.

« Les tables, écrit Victor Hugo le 4 janvier 1855 à Mme de Girardin, nous disent des choses surprenantes... Nous vivons dans un horizon mystérieux qui change la perspective de l'exil, et nous pensons à vous à qui nous devons cette fenêtre ouverte... »

Prenez garde à l'aveu de cette dernière phrase : « Et nous pensons à vous à qui nous devons cette fenêtre ouverte. » Il y est fait allusion au rôle joué par Mme de Girardin dans l'introduction à Marine-Terrace de la pratique des tables tournantes.

On fit en effet tourner et parler des tables à Jersey en 1853, 1854 et 1855. Des procès-verbaux de ces séances, écrits de la main d'Adèle Hugo

---

[1] Parmi la promiscuité d'ouvrages de tous les siècles, de tous les styles, de toutes les inspirations, de tous les sujets, qui encombrent les vestibules, les corridors, le *look-out*, relevons encore : *La Pluralité des mondes habités*, de Flammarion ; *Les Fondateurs de l'astronomie moderne*, de Joseph BERTRAND ;

(Cf. *Un pèlerinage à Hauteville-House*, par G. SIMON. *Annales politiques et littéraires*, n° du 9 nov. 1913.)

et annotés par le poète, furent recueillis sur place, et sous la dictée même des tables. Ce n'est que sur l'ordre exprès des esprits que leur publication fut différée jusqu'après la mort des principaux témoins. Déjà, dans *Les Miettes de l'histoire* [1] en 1863, Auguste Vacquerie nous avait donné un premier récit de ces fameuses séances, auxquelles il avait participé ; et faisant allusion aux procès-verbaux, il disait que « publiés un jour, ils proposeraient un problème impérieux à toutes les intelligences avides de vérités nouvelles ». Désormais il nous est loisible d'interroger le précieux document. Les procès-verbaux ont été en effet édités récemment par Gustave Simon, exécuteur testamentaire de Victor Hugo. Cet ouvrage capital, qui a pour titre : *Les tables tournantes de Jersey* [2], sera ma référence principale. Si un tel témoignage avait besoin d'être complété çà et là, j'en appellerais surtout aux souvenirs de Vacquerie, et aux lumières qui nous viennent de l'œuvre même de Victor Hugo.

---

[1] A. VACQUERIE. *Les miettes de l'histoire,* Paris, Pagnerre, in-16, 467 pp.
[2] Paris, Louis Conard, 1923.

CHAPITRE II

L'initiation spirite de V. Hugo.

SOMMAIRE. — Mme de Girardin et Hugo. — Les premières expériences de tables tournantes à Marine-Terrace en 1853 : vaines tentatives du 6 au 10 septembre. — La séance du dimanche 11 septembre. — L'évocation de Léopoldine. — Une pièce des *Contemplations*.

Une mutuelle admiration de leurs talents et de leurs personnes unissait depuis longtemps Victor Hugo et Mme Émile de Girardin. Sensiblement du même âge et des mêmes goûts, ils se souvenaient de leurs juvéniles complicités dans le mouvement romantique, du temps où elle collaborait avec lui, sous son nom de jeune fille, aux journaux littéraires de la nouvelle école. Fille d'une mère qui s'appelait Sophie, elle appartenait à une génération où l'on s'appelait Delphine comme l'héroïne de Mme de Staël. Mme Émile de Girardin se souvenait de Delphine Gay. Et, de savoir Victor Hugo exilé, elle n'estimait pas que ce fût une raison suffisante de lui retirer sa sympathie.

Elle vient donc passer dix jours à Jersey en 1853. Elle y débarque le mardi 6 septembre. Fervente spirite à cette époque, elle sait l'art mysté-

rieux de faire tourner les tables et parler les guéridons. Elle cause de tables avec Victor Hugo dès
le jour de son arrivée, au cours du dîner. Elle
s'offre même à faire une expérience. Mais le poète
ne prend guère au sérieux cette proposition. Et
il refuse d'assister aux essais. Piquée au jeu,
Mme de Girardin attend à peine la fin du repas.
Elle se lève dès le dessert et entraîne au salon
l'un des convives. Une table carrée se trouve là.
Ils ont beau lui imposer les mains et la tourmenter ;
elle reste muette et ne bouge non plus qu'un
terme. C'est la faute de la table, assurément.
Aussi, pourquoi choisir une table carrée qui contrarie le fluide? Les tables à quatre pieds ne
marchent pas. Il lui faut un petit guéridon,
comme à Paris, tout rond, avec un seul pied
terminé par trois griffes. Le lendemain, elle trouve
à Saint-Hélier ce qu'il lui faut, dans un magasin
de jouets d'enfants. Elle met la petite table sur
la grande. Rien. La petite impertinente se refuse
à se trémousser. Le surlendemain, même expérience, même insuccès : le guéridon se tait. Elle
s'obstine, il s'entête. Il se tait. Il se tait éperdument, des heures entières, sans s'arrêter.

Tenace, elle essaye encore de relancer quelques
meubles en ville. Mais ils n'y mettent pas plus de
complaisance. Pendant cinq longs jours, elle
entasse échecs sur échecs. Mortifiée, mais non
découragée, agacée de la déconvenue narquoise
qu'elle sent qui flotte autour d'elle, elle réplique

un jour assez vertement que « les esprits ne sont pas des chevaux de fiacre qui attendent le bon plaisir du client. Ils sont libres et ne viennent qu'à leur heure ». Et ils sont bien élevés, aurait-elle pu ajouter ; ils prouvaient leur bonne éducation en refusant de s'inviter à cette table, en l'absence du maître de la maison, et contre son gré.

Ils vinrent, en effet, dès que Victor Hugo voulut bien les honorer de sa présence. Mme de Girardin, l'avant-veille de son départ, le pria de lui accorder, pour son adieu, une dernière tentative. Il ne pouvait décemment refuser. C'était le dimanche soir 11 septembre.

Mme de Girardin et celui des assistants qui voulut imposèrent les mains au guéridon. Pendant un quart d'heure, rien. Cinq minutes après, un imperceptible craquement du bois. C'est sans doute une involontaire pression des mains... Mais non, voici un nouveau craquement, puis un léger tressaillement, et puis presque une danse. Le guéridon a bougé, le guéridon bouge ! Et voici qu'enfin une des griffes du trépied se soulève. Mme de Girardin demande : « Y a-t-il quelqu'un? S'il y a quelqu'un et qu'il veuille nous parler, qu'il frappe un coup. » Bruit sec, c'est la griffe qui retombe : « Il y a quelqu'un, dit Mme de Girardin, faites vos questions. »

On questionna la table. Elle répondit. Brièvement : deux mots au plus. Parfois indistinctement : il arrivait que l'on se trompait dans l'interprétation des coups [1]...

A un certain moment, Vacquerie, dont l'incrédulité n'était pas entamée, se mit lui-même à la table et lui dit : « Devine le mot que je pense. » La table devina... Il recommença l'épreuve.

Mais, dit-il, pour être certain de ne trahir le passage des lettres ni par une pression machinale, ni par un regard involontaire, je quittai la table et lui demandai, non le mot que je pensais, mais sa traduction. La table dit : *Souffrance*. Je pensais : *Amour*. Je ne fus pas encore persuadé. En supposant qu'on aidât la table, la souffrance est tellement le fond de tout, que la traduction pouvait s'appliquer à n'importe quel mot que j'aurais pensé... Je pouvais donc encore être dupe, à la seule condition que Mme de Girardin, si sérieuse, si amie, mourante [2], eût passé la mer pour mystifier des proscrits.

Bien des impossibles étaient croyables avant celui-là ; mais j'étais déterminé à douter jusqu'à l'injure. D'autres interrogèrent la table et lui firent deviner leur pensée ou des incidents connus d'eux. Soudain elle sembla s'impatienter de ces questions puériles. Elle refusa de répondre. Et, cependant, elle continua de s'agiter comme si elle

---

[1] Le langage convenu prêtait à ces erreurs d'interprétation. « On nommait une lettre de l'alphabet, dit Vacquerie, à chaque coup de pied de la table. Quand la table s'arrêtait, on marquait la dernière lettre nommée. » On comprend que la lettre pouvait parfois chevaucher sur deux coups. Plus tard, avec le temps et l'habitude, on en vint non seulement à éviter ces erreurs, mais encore, grâce à certaines abréviations convenues, à recueillir de très longues réponses.

[2] Déjà atteinte du mal dont elle devait mourir l'année suivante.

avait quelque chose à dire. Son mouvement devint brusque et volontaire comme un ordre : « Est-ce toujours le même esprit qui est là? demanda Mme de Girardin » La table frappa deux coups, ce qui, dans le langage convenu, signifiait : Non. — « Qui es-tu, toi? » La table répondit le nom d'une morte, vivante dans tous ceux qui étaient là.

Les dix lettres tombèrent, dans l'attente émouvante, nettement frappées : *L-é-o-p-o-l-d-i-n-e.* L'heure était de celles qui ne se revivent ni ne se redisent. Une sorte d'angoisse, d'horreur surnaturelle, pesa sur l'assistance. La défiance de Vacquerie tomba. Victor Hugo s'émut. Mme Hugo sanglotait. Charles Hugo interrogeait sa sœur : « Où es-tu? Nous aimes-tu toujours? Es-tu heureuse? » « Elle répondait, dit Vacquerie, à toutes les questions, ou répondait qu'il lui était interdit de répondre. La nuit s'écoulait, et nous restions là, l'âme clouée sur l'invisible apparition. Enfin, elle nous dit : *Adieu!* et la table ne bougea plus. » Le lendemain, Mme de Girardin n'eut plus à solliciter ses hôtes. Ce fut elle qui fut entraînée vers la table. Toute la nuit on évoqua les esprits.

Une seule pièce des *Contemplations* est datée de septembre 1853. L'effroi dont elle est pénétrée nous donne à croire qu'elle fut écrite après la nuit historique, et peut-être dès le lendemain.

L'homme est brumeux, le monde est noir, le ciel est sombre.
Les formes de la nuit vont et viennent dans l'ombre ;
Et nous, pâles, nous contemplons.

Nous contemplons l'obscur, l'inconnu, l'invisible.
Nous sondons le réel, l'idéal, le possible,
      L'être, spectre toujours présent.
Nous regardons trembler l'ombre indéterminée.
Nous sommes accoudés sur notre destinée,
      L'œil fixe et l'esprit frémissant.

Nous épions des bruits dans ces vides funèbres ;
Nous écoutons le souffle, errant dans les ténèbres,
      Dont frissonne l'obscurité ;
Et, par moments, perdus dans les nuits insondables,
Nous voyons s'éclairer de lueurs formidables
      La vitre de l'éternité.

CHAPITRE III

Les Séances

SOMMAIRE. — L'engouement pour les tables à Marine-Terrace. — Les opérateurs. — Les exigences de la table. — Les esprits. — Polyglottes et polygraphes. — André Chénier. — Eschyle.

Mme de Girardin quitta Jersey le 13 ou le 14 septembre 1853. Mais son départ ne refroidit pas, à Marine-Terrace, la passion des tables tournantes. On s'y précipitait vers le mystère avec une ardeur de néophytes. « On n'attendait plus le soir, avoue Auguste Vacquerie. Dès midi, on commençait, et l'on ne finissait que le matin. On s'interrompait tout au plus pour dîner... Le bruit de la mer se mêlait à ces dialogues, dont le mystère s'augmentait de l'hiver, de la nuit, de la tempête, de l'isolement. »

Personnellement, Victor Hugo n'avait aucune action sur la table. Assis dans un coin du salon, il ne la touchait pas, mais il l'interrogeait. Charles Hugo servait ordinairement de médium et posait les questions. Comme il fallait être deux pour « tenir la table », c'était le plus souvent Mme Victor Hugo qui assistait son fils. Parmi les plus assidus aux séances, il faut noter Auguste Vacquerie, Mlle Adèle Hugo, les proscrits Guérin, Leguével, Allix, Kesler (ce dernier, aussi peu enclin que possible à la croyance aux tables), le révolutionnaire hongrois Téléki et le général Le Flô qui était royaliste et catholique.

Les esprits ne se laissaient pas vaincre en émulation. Il leur arrivait maintenant de relancer les opérateurs. « Charles se plaint parfois de lassitude. Il est onze heures du soir, il a fait des armes toute la journée. Il voudrait bien se coucher. Mais la table proteste, le réprimande, prétend continuer. Charles se résigne, en bon garçon qui ne veut contrarier personne, pas même un esprit [1]. » La table avait même des accès de colère. « Je me suis fait insulter plus d'une fois, écrit Vacquerie, pour lui avoir parlé avec irrévérence, et j'avoue que je n'étais pas très tranquille avant d'avoir obtenu mon pardon. »

Avec cela, exigeante. Il lui arrivait de vouloir qu'on l'interrogeât en vers, quitte à répondre elle-même en vers. Et on lui obéissait. Elle n'obéissait pas nécessairement elle-même. Elle se révélait capricieuse. Et fantasque, et têtue ! Un jour, ou plutôt une nuit, le vendredi 10 février 1854, Molière, qui animait la table, eut la fantaisie de se faire interroger en vers. Pendant une suspension

---

[1] Jules Bois. *Les Tables de Jersey.* « Revue bleue », du 27 janvier 1906.

de la séance, Victor Hugo a donc préparé une demande versifiée, petit compliment en vers, fort bien tourné ma foi ! où il décerne à Molière de l'astre et de l'archange ! De l'archange !... Mais allez donc corrompre un esprit ! La monnaie de cour, toute-puissante auprès des humains, n'a pas cours dans l'outre-tombe. Molière refuse d'accorder, à ce prix, l'audience qu'on lui demande. C'est l'Ombre du sépulcre qui répond en son lieu ou plutôt qui refuse de répondre à sa place : elle se tait en huit vers ; elle reçoit le poète comme on congédie ; elle l'accompagne de deux strophes hautaines, presque insultantes, par quoi elle commente et aggrave son silence.

V. Hugo (à Molière) :

Toi qui du vieux Shakespeare as ramassé le ceste,
Toi qui près d'Othello sculptas le sombre Alceste,
Astre qui resplendis sur un double horizon,
Poète au Louvre, archange au ciel, ô grand Molière,
Ta visite splendide honore ma maison.

Me tendras-tu là-haut ta main hospitalière ?
Que la fosse pour moi s'ouvre dans le gazon,
Je vois sans peur la tombe aux ombres éternelles,
Car je sais que le corps y trouve une prison,
    Mais que l'âme y trouve des ailes.

L'ombre du sépulcre (et non : Molière) :

Esprit qui veux savoir le secret des ténèbres
Et qui, tenant en main le terrestre flambeau,
Viens, furtif, à tâtons, dans nos ombres funèbres
    Crocheter l'immense tombeau,

Rentre dans ton silence, et souffle tes chandelles !
Rentre dans cette nuit dont quelquefois tu sors :
L'œil vivant ne lit pas les choses éternelles
    Par dessus l'épaule des morts !

Un autre soir, le 12 juin 1854, un jeune Anglais, M. Pinson, qui se trouvait à Marine-Terrace, voulut interroger un de ses compatriotes, Byron. Lord Byron refusa de parler français. On insista, rien n'y fit. On eut beau lui représenter que ni Charles ni Victor Hugo présents à la séance ne connaissaient l'anglais, il garda un silence rogue, prémédité. Il fit seulement répondre par Walter Scott qu'il était mort : « Ne tourmentez pas le barde ; sa lyre est brisée ; son dernier chant est chanté ; sa dernière parole est dite [1]. » C'était le mort sans phrases ; mais non sans humour : l'humour britannique. Nous sommes à Jersey. Les esprits le savent. Ils s'adaptent au milieu : nous citerons bien d'autres traits de leur souplesse.

Une foule bigarrée d'invités répondait à l'appel des évocateurs : Chateaubriand, Dante, Racine, Marat, Charlotte Corday, Robespierre, Annibal, Moïse, André Chénier, Tyrtée, Mahomet, Jacob, Shakespeare, Luther, Eschyle, Molière, Aristophane, Anacréon, Byron, Walter Scott, Galilée, Jésus-Christ, Platon, Isaïe.

---

[1] Voici cette réponse anglaise, d'après le procès-verbal :
    « Vex not the bard ; his lyre is broken,
    His last song sung, his last word spoken. »

Ces illustres défunts, se rencontraient autour de la table avec des animaux fameux : la Colombe de l'Arche, par exemple ; l'Anesse de Balaam, qui suggéra au poète de la Légende la pièce intitulée : Dieu invisible au philosophe ; ou encore : le Lion d'Androclès, à qui Victor Hugo lut gravement, en guise de compliment, la pièce qui porte ce titre dans la *Légende des siècles*.

Des anonymes envahissaient aussi la table hospitalière, comme l'Ombre du sépulcre (alias la Bouche d'ombre des *Contemplations)* ou la Dame Blanche de l'Ile, dont nous aurons à reparler bientôt parce qu'elle faisait parler d'elle dans la maison.

Même de pures abstractions fréquentaient à Marine-Terrace : l'Idée, la Mort, le Drame, le Roman, la Poésie, la Critique, la Blague. Elles avaient leurs heures ; elles se présentaient de préférence le jour, tandis que les morts venaient la nuit.

Si le mot que l'on attribue à Le Flô est authentique, Louis XVI aurait pris rang dans cette liste glorieuse. Le spirituel général royaliste disait malicieusement : « Je dois reconnaître que devant le roi, l'attitude de M. Victor Hugo a été parfaite [1]. »

---

[1] Je cite le trait d'après le journal *Candide* du 10 mars 1927, mais sans en garantir l'authenticité. Louis XVI ne figure pas dans la nomenclature des esprits donnée par Gustave

Le parler des esprits n'était pas moins varié que leurs personnages. D'abord, étant polyglottes, ils emploient aussi volontiers la langue de Cicéron que celle de Walter Scott. Un soir que la petite table d'acajou était en humeur de causer en latin, comme on lui demandait la fonction de l'homme sur la terre, elle répondit : *Ede, i, ora.* C'est-à-dire : *Mange, marche, prie.* Hugo, impressionné par cette formule sibylline, la recueillit le plus sérieusement du monde pour la faire graver plus tard sur une des portes de Hauteville-House [1], où l'on peut l'y voir aujourd'hui encore. Parmi les réponses d'Annibal, je relève plusieurs lignes de latin. Vous me direz que l'on se fût plutôt attendu à le voir parler carthaginois. Mais c'est qu'il parle aussi carthaginois. Seulement il n'abuse pas de sa langue maternelle. Et il traduit pour les oreilles profanes : *Bocamar,* en latin *Sol; Derimos,* en latin *Luna; Jarimis,* en latin *Dies; Mossomba,* en latin *Nox.* (Séance du 8 décembre 1853.)

Ces esprits polyglottes sont surtout polygraphes. Littérature, politique, philosophie, tous les sujets y passent. Les grands discours philosophiques de l'*Ombre du sépulcre* voisinent avec les clairons de Tyrtée, avec les pipeaux d'André Chénier.

Simon (pp. 386 et 387 des procès-verbaux des *Tables tournantes).*

[1] Cf. Richard Lesclide. *Propos de table de Victor Hugo,* 4e édition, 1885, pp. 332-334.

L'œuvre dictée par André Chénier est particulièrement intéressante, et les circonstances dans lesquelles il dicte ses vers posthumes ont de quoi intriguer les sceptiques. Le vendredi soir 9 décembre 1853, on vit en effet se renouveler à Jersey l'expérience fameuse du pape Jules II (un fervent des tables, selon la chronique) obtenant qu'Homère reprît la lyre pour ajouter un chant à l'*Iliade*. La séance a lieu chez Leguével, et non à Marine-Terrace. Victor Hugo n'y assiste pas. Au début, Socrate occupe quelques instants le trépied. Mais, soudain, une agitation anormale de la table avertit l'assemblée qu'il se passe quelque chose d'insolite. Qui est là? demande Charles Hugo. Réponse : « *André Chénier* ». On sait que de nombreuses pièces de ce poète sont demeurées inachevées. Durrieu, l'un des proscrits qui assiste à la séance, trouve que l'occasion est excellente, tandis que l'on a Chénier sous la main, de lui demander d'achever quelques pièces interrompues. Chénier veut bien. C'est ainsi que, sollicité de compléter le fragment de l'Idylle XII qui commence ainsi :
Accours, jeune Chromis, je t'aime et je suis belle..., il répond par une tirade en vérité bien conforme à sa manière :

> Néère a le pied vif, mais Chromis est agile.
> Bois dont Amaryllis est l'oiseau dans Virgile...

Etc... Suivent six vers. D'autres assistants, mis en appétit, expriment aussi leurs désirs. Les questions fusent. Il faut que Chénier, sur la demande de Guérin, termine sa dernière pièce interrompue par le bourreau. Il lui faut aussi reconstituer des parties intercalaires qui manquent à son œuvre de vivant. Sans perdre la tête, le glorieux décapité se prête avec une parfaite bonne grâce à ces exigences diverses. Hugo, s'il eût été là, n'aurait certainement pas désavoué ces improvisations bucoliques, lui dont la Muse ductile, se faisant à l'occasion musette, devait chanter *Le groupe des idylles* et qui s'inspira si souvent de Théocrite et de Virgile [1]. Mais Victor Hugo n'était pas là.

Les discours du sombre Eschyle, traversés d'un souffle ésotérique, conviennent mieux à la majesté du trépied. Ce que dit le grand tragique? On ne le sait pas toujours au juste. Mais il le dit magnifiquement. Il dit l'antique lutte de l'homme contre la Fatalité, la défaite des grands champions de l'histoire : Eschyle, Shakespeare, Molière ; la victoire, enfin procurée par la Mort libératrice. Morceau immense d'un mouvement superbe, auquel devait sûrement applaudir Victor Hugo, et qui s'achève ou plutôt qui s'achemine, comme les propres tirades hugoliennes, vers le mot clausule toujours soigneusement préparé. L'indéniable

---

[1] (Cf. Samuel CHABERT : *Virgile et Victor Hugo* (« Annales de l'Université de Grenoble », XXII, 53-101).

Et Amédée GUIARD : *Virgile et Victor Hugo ;* Paris, 1910.

beauté de ces vers avait frappé Sully-Prudhomme [1].
Nous citerons plus loin cette pièce d'Eschyle.

La spécialité littéraire des tables de Jersey est donc de n'en pas avoir. Elles cultivent tous les genres, comme aussi bien le faisait Hugo, et toutes les manières, la plus grave et la plus bouffonne. Ainsi la « Blague » débite des joyeusetés empruntées, si l'on peut dire, au répertoire du Gavroche des Misérables. Sa verye gamine fait un amusant contraste avec l'ennuyeuse gravité de ses voisins de table.

Mais c'est déjà parler de l'esprit des esprits de Jersey : nous traiterons à part ce sujet dans un des chapitres qui vont suivre.

----

[1] D'après M. Jules Bois. *Revue bleue* du 27 janvier 1906.

CHAPITRE IV

La fin des séances.

SOMMAIRE. — Hugo et les esprits frappeurs. — Les assiduités de la Dame Blanche. — Trois pièces des *Contemplations*. — Mme Hugo et la Dame Blanché. — L'affaire de la Jarretière et le départ de Jersey.

Nous savons par le Journal de l'exil (pp. 13, 14), quelle terreur inspiraient à Victor Hugo les apparitions et les esprits frappeurs. Certaine pièce de *Toute la lyre* (l'*Art*, VIII) nous donne à entendre qu'il croyait aussi aux songes. Ce qu'il y a de sûr, c'est qu'il avait des cauchemars continués pendant la veille, sortes d'hallucinations à forme interprétative, de délire « onirique », dirait le docteur Cabanès. Le *Journal de l'exil* (pp. 18, 19) nous dit son sommeil troublé par les rendez-vous que lui assignait le fantôme de la « dame blanche de l'île ». Oh cette dame blanche ! Elle intriguait beaucoup Victor Hugo. Ou plutôt elle intriguait beaucoup auprès de Victor Hugo. Elle comptait parmi les habitués des soirées spirites de Marine-Terrace. L'importune s'incrustait chez son hôte. Admise au salon, elle le poursuivait dans l'escalier. Elle lui faisait moins des révélations que des déclarations. Fiez-vous au sérieux des esprits ! Bref, elle tirait un parti merveilleux de son incognito qui ne lui messayait pas, et qui ajoutait même à son personnage le charme irritant d'un loup de satin. Il ne semble point, en tout cas, que cette insistance ni que ce mystère aient déplu à Victor Hugo qui marivaudait volontiers avec elle. Je tiens pour certain, quant à moi, que « l'ange blanc », l'inconnue « voilée » et le spectre au « front blanc » des trois Contemplations si curieuses et parfois si semblables, dont je vais citer quelques passages, ne font qu'un seul personnage avec la mystérieuse « dame blanche ». Au surplus, leurs dates de composition situent ces pièces en pleine crise spirite.

Marine-Terrace. Nuit du 30 mars 1854.

Horror.

Esprit mystérieux qui, le doigt sur la bouche,
Passes..., ne t'en va pas ! parle à l'homme farouche
    Ivre d'ombre et d'immensité ;
Parle-moi, toi, front blanc qui dans ma nuit te penches !
Réponds-moi, toi qui luis et marches sous les branches
    Comme un souffle de la clarté !

Est-ce toi que chez moi minuit parfois apporte ?
Est-ce toi qui heurtais l'autre nuit à ma porte
    Pendant que je ne dormais pas ?
C'est donc vers moi que vient lentement ta lumière ?
La pierre de mon seuil peut-être est la première
    Des sombres marches du trépas.

Peut-être qu'à 'ma porte ouvrant sur l'ombre immense
L'invisible escalier des ténèbres commence ;
     Peut-être, ô pâles échappés,
Quand vous montez du fond de l'horreur sépulcrale,
O morts, quand vous sortez de la froide spirale,
     Est-ce chez moi que vous frappez?...

Sois la bienvenue, ombre ! ô ma sœur, ô figure
Qui me fais signe alors que sur l'énigme obscure
     Je me penche, sinistre et seul ;
Et qui viens, m'effrayant de ta lueur sublime,
Essuyer sur mon front la sueur de l'abîme
     Avec un pan de ton linceul...

Marine-Terrace. Janvier 1854 *(date donnée par le volume).*
11 janvier 1855 *(date donnée par le manuscrit).*

A celle qui est voilée.

Tu me parles du fond d'un rêve
Comme une âme parle aux vivants ;
Comme l'écume de la grève
Ta robe flotte dans les vents...

Tu me dis de loin que tu m'aimes,
Et que, la nuit, à l'horizon,
Tu viens voir sur les grèves blêmes
Le spectre blanc de ma maison...

Parfois, comme au fond d'une tombe,
Je te sens sur mon front fatal,
Bouche de l'inconnu d'où tombe
Le pur baiser de l'idéal...

Change en perles dans mes décombres
Toutes mes gouttes de sueur !
Viens poser sur mes œuvres sombres
Ton doigt d'où sort une lueur.

Jersey, septembre 1853 *(date donnée par le volume).*
23 août 1855 *(date donnée par le manuscrit).*

Apparition.

Je vis un ange blanc qui passait sur ma tête...
Qu'est-ce que tu viens faire, ange, dans cette nuit?
Lui dis-je. Il répondit : « Je viens prendre ton âme. »
Et j'eus peur, car je vis que c'était une femme...

. . . .

Et l'ange devint noir, et dit : « Je suis l'amour. »
Mais son front sombre était plus charmant que le jour.

. . . .

Autour de Victor Hugo, on prit ombrage de
cette ombre. Tant qu'il ne s'était agi que de Shakespeare, de Walter Scott, de Molière, d'Eschyle,
ou d'autres revenants de moindre importance,
Mme Hugo avait encore toléré leurs assiduités.
Après tout, les allées et venues de ces esprits
troublaient la paix de la maison, mais pas celle
du ménage. Désormais, il en allait tout autrement.
La patience poussée plus loin se fût méprisée elle-
même. Alors c'était la scène d'intérieur, banale...
Mme Hugo était, à Marine-Terrace, le seul homme
de la maison. D'abord ébranlée comme tous les

autres le soir où était apparue Léopoldine, elle n'avait pas tardé à se reprendre. En particulier, elle s'était toujours refusée à admettre qu'il y eût des âmes dans les cailloux, dans les plantes et dans les bêtes. Son gros bon sens protestait. Elle tirait de cette incrédulité virile une sorte de bénéfice moral dont elle jouait, avec une féminité consommée, contre la crédulité de son mari. Sa mauvaise humeur s'épanchait en reproches de pusillanimité, et en rappels de souvenirs du temps qu'il était petit : « Tu as toujours eu cette disposition... »

Toujours! Se souvenait-il? Il y avait très longtemps de cela, dans ce vieux jardin des Feuillantines où s'était écoulée son enfance et qui avait été son premier et véritable éducateur, il s'était initié à cette volupté de la peur : dans un coin, entre des ronces, un puisard desséché ouvrait son œil sans regard :

Que de choses il y avait pour lui dans ce puisard où il n'y avait rien ! Il y avait surtout « le sourd »..., ce monstre fabuleux qui a des écailles sous le ventre et qui n'est pas un lézard, qui a des pustules sur le dos et qui n'est pas un crapaud, qui habite les trous des vieux fours à chaux et des puisards desséchés ; noir, velu, visqueux, rampant ; tantôt lent, tantôt rapide ; qui ne crie pas, mais qui regarde ; et qui est si terrible à voir que personne ne l'a jamais vu [1].

---

[1] D'après *Victor Hugo raconté par un témoin de sa vie* : « Les Feuillantines. » On sait que le *témoin* est Mme Hugo.

Plus tard, c'est la même chose ; il prend des années sans prendre du courage :

Tu as toujours eu cette disposition. Quand Saxe-Cobourg est mort, et que sa mère est entrée dans ta chambre, la vue du désespoir de cette grande femme t'a causé une telle frayeur que, pendant quinze jours, tu ne pouvais rester seul une fois la nuit tombée. Ç'a été la même chose avec la vision que tu as racontée comme étant le rêve du dernier jour d'un condamné, L'apparition de cette vieille femme t'a poursuivi longtemps [1].

Sans cesse, elle remuait cruellement devant lui tant de souvenirs peu héroïques. Ces querelles domestiques contribuèrent-elles à faire cesser les expériences spirites de Marine-Terrace [2]? Je ne serais pas éloigné de le croire. Mais un événement imprévu y contribua plus efficacement à coup sûr : le départ de Jersey.

A la suite d'incidents divers sur lesquels nous n'avons pas à nous étendre ici, les proscrits de

---

[1] *Le journal de l'exil*, p. 43. D'après Paul BERRET. *La philosophie de Victor Hugo, op. cit.*, p. 55.

[2] N. Martin-Dupont attribue leur cessation à l'intervention du poète lui-même. Son témoignage qui comporte d'ailleurs certaines inexactitudes de détail, se tait sur l'influence personnelle de Mme Hugo. « Chez Victor Hugo, écrit-il *(op. cit.,* p. 94), l'on évoquait l'esprit de Léopoldine, qui répondait en très beaux vers. Les tables tournantes faisaient rage ; qui s'y installait le soir s'y retrouvait à l'aube. Cependant Victor Hugo, craignant que peut être à ce jeu le bon sens de quelques-uns ne vînt à sombrer, fit défense expresse à quiconque de se livrer chez lui à ce passe-temps dangereux. »

Jersey avaient tenu, dans leur journal *L'Homme,* des propos jugés offensants pour la reine d'Angleterre. Les plus débiles de leurs traits n'étaient pas les moins cruellement sentis. Une allusion, d'un esprit douteux, mais sans grande malice, à la Jarretière dont la souveraine portait l'ordre, causa une telle blessure à l'amour-propre britannique, que trois rédacteurs de *L'Homme* furent expulsés de l'île. Hugo, s'étant solidarisé avec eux, dut quitter l'île à son tour, le 31 octobre 1855. Les semaines qui précédèrent ce départ, toutes remplies par les incidents qui le motivèrent, ne laissèrent guère aux habitants de Marine-Terrace le loisir ni la liberté d'esprit nécessaires pour vaquer à leur récréation favorite des tables. Les procès-verbaux publiés par Gustave Simon s'arrêtent au 2 juillet 1855.

SECTION II.

OBSERVATIONS CRITIQUES
L'INFLUENCE DE VICTOR HUGO
SUR LES TABLES

—

CHAPITRE V

L'esprit hugolien des esprits.

SOMMAIRE. — L'esprit de Victor Hugo. — L'esprit des esprits de Jersey ressemble à celui de Hugo. L'antithèse source de gaîté : sublimes personnages aux propos familiers ; menus personnages aux propos solennels. — Bêtes et gens. — Exemples de traits d'esprit des esprits. — Leur joie fait peur.

L'esprit chez Victor Hugo n'est guère qu'une des formes de sa tendance à l'antithèse. Il consiste moins en fines allusions, en subtilités ingénieuses, qu'en oppositions énormes [1]. Le rire naissant toujours de la constatation d'une disproportion, ces mariages mal assortis, ces accouplements mons-

—

[1] Auguste ROCHETTE : *L'Esprit dans les Œuvres poétiques de Victor Hugo*. Paris. Champion, 1911, in-8°.

trueux, obtiennent toujours leur succès de gros rire.

Les esprits de Jersey ne manquent pas d'esprit. Mais, proches parents du maître, ils émeuvent en nous le gros rire plutôt que le sourire. Etres formidables, ils agitent une ironie massive. Leurs mains inhabiles aux jeux délicats ne sauraient manier sans dommage les mots subtils, les fines pensées, bibelots fragiles. Ils se plaisent à entrechoquer, en des heurts retentissants, le zénith et le nadir. La gaîté qu'ils provoquent repose sur des antithèses hyperboliques.

Voici par exemple de sublimes personnages, consacrés par la légende, par l'histoire, ou par leur propre mystère : Jésus-Christ, Mahomet, l'Ombre du Sépulcre, qui s'interrompent dans leur parler magnifique pour se jouer en des familiarités soudaines. Le 26 février 1854, Molière et Auguste Vacquerie sont aux prises. Le grand comique fait des réponses qui, on va le voir, ne manquent pas d'esprit d'à-propos, mais dont la verdeur convient mal à la solennité du trépied.

VACQUERIE. — Je t'ai fait une question, j'attends que ta réponse soit complète pour la juger...

MOLIÈRE. — Attends.

VACQUERIE. — C'est justement ce que je faisais, j'attendais.

MOLIÈRE. — Oui, et même tu as l'air de t'embêter beaucoup.

VACQUERIE. — Ce n'est pas d'une élégance parfaite.

MOLIÈRE. — Vous m'embêtez, Madame.

(Note de Vacquerie : **Dans** un drame en vers que j'ai écrit l'autre année, j'ai fait cet hémistiche : *Vous m'embêtez, Madame)*.

Molière, dans la même séance, fait alterner les vers et la prose et, dans ses vers, juxtapose aux symboles éthérés les images triviales.

Molière. — ...
Moi je plonge mon aile aux blonds cheveux de l'astre
Et laisse vos groins à leurs tas de fumier :

(Trois coups.)

Vacquerie. — *Que veux-tu changer?*
— Cheveux.
— *Que mets-tu à la place?*
— Rayons.

Vacquerie. — Mais « cheveux » était très bien.

— Il fallait le dire, muet intéressant..... Nous aimons assez, nous autres, quand nous dictons des vers, qu'on nous semble ému de ce que nous disons, comme Hugo par exemple, et que l'esprit qui a l'honneur d'écrire sous notre dictée ait une attitude moins silencieuse, qu'un huissier qui fait des écritures. Maintenant, je reprends.

(Séance du 26 janvier 1854.)

(Victor Hugo, sorti pendant la séance, était absent durant cette petite scène.)

Marat fait montre d'un esprit de cette sorte, quand, le 29 septembre 1853, chez Leguével, interrogé sur les républicains de 48, il donne d'eux cette définition inattendue : « républicains... au biberon ». L'Ombre du sépulcre, en particulier, multiplie ces allées et venues entre l'empyrée et la terre. Elle fait se succéder sans transition l'essor de son vol et l'humble démarche, le mot noble et le *sermo pedestris*. « Votre sublime... est un cul de basse-fosse. » « Votre ciel est... le plafond d'une cave. » « Votre langue... est un bruit relié dans un dictionnaire. »

Voici au contraire, de simples animaux, le Lion d'Androclès, l'Anesse de Balaam, qui comme l'Ane du poème, prennent des attitudes héroïques et un ton solennel. Ils parlent aux humains de très haut. Quand, se souvenant de leur personnage animal, ils consentent à parler en bêtes, le comique de leurs paroles n'est que plus irrésistible.

C'est ainsi par exemple que le Lion d'Androclès, n'ayant aucun morceau littéraire à se mettre sous la dent, désire être interrogé en vers, afin d'avoir quelque « bon os à mâcher ». Vacquerie se propose comme pourvoyeur de la viande désirée. Mais le lion récuse cette pitance. Il ne l'acceptera que de la main de Victor Hugo.

« VACQUERIE. — Je te remercie de demander des vers à Victor Hugo... Mais il me semble que la manière dont tu les demandes n'est pas très gracieuse pour moi... Et tu me remercies en disant qu'il faut que Victor-Hugo fasse des vers pour qu'il y ait *un bon os à mâcher*. Ceci ne me parait pas très reconnaissant pour mes vers.

Le Lion d'Androclès :
Eh bien, je me dédis. Fais les vers à cet être.
C'est toi que je choisis. Mais surtout fais-les beaux,
Car, pour que le lion consente à s'en repaître.
Il faut beaucoup de moëlle au fond de beaucoup d'os.

VACQUERIE. — Tu me punis spirituellement d'une question que je t'ai faite presque comme une plaisanterie. »

Mais au fond la qualité des esprits évoqués est de minime importance. Anges ou bêtes, ils présentent tous sur l'homme cette supériorité essentielle d'être des esprits. Ils dominent de tout leur mystère, comme Hugo de tout son orgueil, le pauvre néant que nous sommes. Leur esprit consiste dans une ironie transcendante dont l'antithèse est l'expression la plus habituelle. Il serait vain de multiplier les exemples. Une seule et dernière citation suffira. Elle nous offrira une succession typique de trois « poètes » divers, dont Hugo en personne, chez lesquels nous reconnaîtrons aisément, pour peu que nous ayons d'expérience de la littérature hugolienne, la même manière, les mêmes manies.

MOLIÈRE :
L'esprit veut à son tour courber les sens rebelles
A la pensée, aux mots par l'homme estropiés.
Philaminte à la fin songe tant à ses ailes
Que Chrysale n'a plus de souliers à ses pieds [1].

---

[1] Ces vers « hugoliens » furent d'ailleurs dictés en l'absence de Victor Hugo qui n'entra à la séance qu'après que la table les eut frappés.

Toute œuvre a deux aspects et tout drame a deux ailes,
L'une que plume en bas le critique anxieux,
L'autre qui vole et plane aux voûtes éternelles.

. . . .

Penseur, voici le sens de mes *Femmes savantes :*
Philaminte est l'esprit et Chrysale est le corps.

. . . .
(26 février.)

LE POÈTE A MOLIÈRE :

Les rois et vous, là-haut, changez-vous d'enveloppe?
Louis XIV au ciel n'est-il pas ton valet?
François Premier est-il le fou de Triboulet?
    Et Crésus le laquais d'Esope?

L'OMBRE DU SÉPULCRE (et non Molière) au poète :

Le ciel ne punit pas par de telles grimaces,
Et ne travestit pas en fou François premier.
L'Enfer n'est pas un bal de grotesques paillasses,
Dont le noir châtiment serait le costumier.
(*Séance du* 10 *février* 1854.)

L'esprit est un mot bien difficile à définir. Mais
on s'accorde à y voir un jeu. Un jeu pour celui qui
s'y livre, comme pour celui qui s'en donne le
spectacle. Or les règles du jeu excluent, par définition même, tout ce qui peut nuire à la simplicité
de notre plaisir. Ce qui manque aux revenants de
Jersey pour se conformer à ces règles, c'est d'abord
qu'ils sont des revenants. Leur rire est d'une tête
de mort. Des sous-entendus redoutables, des suggestions fantastiques, gâtent pour nous le plaisir
de leurs fantaisies. Leur joie fait peur.

Puis ils se prennent trop au sérieux. Il leur manque le sourire. Le pli de leur front contrarie l'épanouissement de leurs lèvres. Et des nôtres. Mais, au fait, voilà justement pourquoi le sourire ne peut éclore non plus chez ce demi-dieu de Victor Hugo. Les fantômes spirites de Jersey ne laissent pas d'être spirituels. Mais à leur façon : à la façon de Victor Hugo.

CHAPITRE VI

Les idées hugoliennes des esprits.

SOMMAIRE. — Une distinction. — La métempsychose. — Pas d'enfer. — L'expiation. — Confidences du poète. — Les sources érudites de la philosophie du poète et des tables. — Aveux du poète. — Services rendus par les tables à Hugo philosophe.

Ce qui nous frappe en effet chez ces esprits frappeurs, c'est leur esprit d'imitation. Leur mimétisme ne se traduit pas seulement dans les manifestations de leur gaîté, mais dans leurs idées et dans leur style. Ils pensent et ils parlent « à la manière » de Victor Hugo. Ils composent sur les siennes leurs attitudes philosophiques et littéraires.

Mais avant de montrer à quel point ils épousent ses idées, il convient de faire entre leurs réponses une distinction. Il y a celles qui ne présentent aucun intérêt philosophique : c'est le cas d'Annibal nommant de leurs noms indigènes les quatre temples d'argent de Carthage ; c'est encore le cas de la table répondant : *Augusta !* à cette question de Kessler : « *Je pense un mot. Veux-tu le deviner ?* » Et il y a celles qui supposent l'adhésion à un certain système religieux, politique ou social. Je néglige les premières sur lesquelles je ne reviendrai qu'à la fin de cette étude lorsque j'essaierai d'élucider le mystère des tables. Quant aux secondes, on ne peut pas ne pas constater qu'elles sont parfaitement accordées à l'état d'esprit particulier de Victor Hugo.

La philosophie professée par les tables de Jersey n'est en somme qu'une systématisation de la métempsychose. C'est la métempsychose appliquée à une doctrine de rédemption universelle, ou, si l'on veut, substituée au dogme, prétendu barbare, de l'enfer. C'est un purgatoire généralisé. Les âmes survivent aux corps, mais réintègrent à nouveau la matière. « Réincarnation » qui est une sanction. Elles s'enfoncent dans les formes inférieures de l'être (animal, minéral), ou bien elles remontent vers les formes plus parfaites de l'homme ou de l'ange, selon que leur existence présente a mérité la récompense ou le châtiment. Tout vit et pense, dans le monde, à des degrés divers. Par delà les apparences impassibles, immobiles et muettes, l'œil du spirite voit une nature toute frémissante de vie, qui saigne et qui souffre dans l'horreur aveugle de la matière ou dans la chair punie des animaux, qui s'épure et qui chante dans les hauteurs de l'esprit.

Pas de peines éternelles ! Surtout pas de peines éternelles ! Il faut des sanctions. Oui ! Mais pas de condamnation sans recours ! La théorie de la

métempsychose et des épurations renouvelées
dans des incarnations successives permet de conci-
lier l'amour et la justice. Il existe des condamnés,
mais pas des damnés.

« Ce châtiment sera-t-il éternel?

Moïse : Tous les criminels se transfigureront lentement
et deviendront des justes. Le rayonnement lointain de
Dieu fondra ces cœurs de glace, et leurs crimes s'écouleront en avalanches dans l'abîme du pardon divin. »
(*Séance du 8 décembre 1853.*)

En attendant leur rentrée en grâce, tous ces
criminels subissent dans leur prison de matière
des châtiments proportionnés à leur crime. Depuis
le caillou du chemin jusqu'aux astres du ciel, tout
l'univers est vivant. Enfouissement universel
qui est la condition et la forme de l'expiation des
coupables. Par ailleurs, si mérité que soit leur
supplice, il faut s'apitoyer sur leur sort, en raison
même de leurs souffrances.

« Moïse. — ... Judas a péché en trahissant, il est prisonnier de sa trahison. Caïn a péché en tuant son frère,
il est au carcan dans son meurtre. » (*Séance du 8 décembre 1853.*)

Tout souffre, tout gémit, tout travaille au supplice,
Le bourreau souffre autant que le cœur châtié ;
Quand je mets Prométhée au haut du précipice,
Le vautour qui le mord me fait aussi pitié.

(*Séance du 7 février 1854. L'esprit d'Eschyle.*)

Victor Hugo a donné, en 1854, un admirable commentaire de cette doctrine d'expiation dans « Ce que dit la Bouche d'Ombre » (1854) des *Contemplations* :

« Sache que tout connait sa loi, son but, sa route,
Que, de l'astre au ciron, l'immensité s'écoute
Que tout a conscience en la création...
... Tout parle. Et maintenant, homme, sais-tu pourquoi
Tout parle? Écoute bien. C'est que vents, ondes, flammes,
Arbres, roseaux, rochers, tout vit : tout est plein d'âmes.

Ayez pitié... Voyez des âmes dans les choses...
Hélas ! le cabanon subit aussi l'écrou.
Plaignez le prisonnier, mais plaignez le verrou...
La hache souffre autant que le corps... etc...

Mais bien avant les expériences de tables tournantes de 1853, les éléments de cette philosophie spirite préexistaient dans sa pensée.

Plus d'un an avant les séances de Jersey, le *Journal de l'Exil*[1] rapporte de lui des confidences significatives. On sait que ce *Journal*, rédigé par sa fille Adèle, relate au jour le jour les propos tenus

---

[1] O. Uzanne en a publié en anglais des fragments dans le *Scribner's Magazine* de novembre 1892 ; et en français dans le *Figaro* du 20 octobre 1892, et dans une brochure tirée seulement à 200 exemplaires : *Les propos de table de Victor Hugo en exil* (Paris, 1892, Administration de l'*Art et l'Idée*, ancienne maison Quantin.) Des passages en ont aussi été reproduits dans le *Gaulois* du 26 novembre 1896, sous la signature de Th. Beaujard. Sur la singulière fortune de ce manuscrit, voir Paul Berret : *la Philosophie de V. Hugo*, pp. 33-34.

par le poète à ses familiers, depuis juillet 1852 jusqu'au début de 1856 ; or, voici ce que l'on peut y lire à la date du 17 avril 1852 :

L'homme souffre parce qu'il expie dans ce monde une faute qu'il a commise dans un monde antérieur. De la bonne ou de la mauvaise conduite de l'homme dépend sa rentrée dans l'existence primitive et heureuse, et, de la même manière, chaque chose de la nature se transformera. La vie minérale passe à la vie organique végétale, la vie végétale devient la vie animale... Au-dessus, la vie intellectuelle. L'homme occupe le plus bas degré de l'échelle intellectuelle, échelle invisible et infinie par laquelle chaque esprit monte dans l'éternité et dont Dieu est le sommet.

D'abord les seules tendances de sa nature le prédisposaient depuis toujours à animer l'univers et à supprimer toute limite à la « pitié suprême ». Mais, en fait, même si ses propres réflexions n'eussent point abouti à la découverte de cette philosophie, il en eût trouvé les éléments dans ses lectures antérieures à l'exil.

Delisle de Salles, philosophe aujourd'hui bien oublié, mais qui eut son moment de célébrité, avait publié un *Traité de morale pour l'espèce humaine*, ou *Philosophie de la nature* réimprimé en 1804, dont Hugo possédait à Guernesey un exemplaire [1], ouvrage dans lequel on pouvait lire ce qui suit : « ... tout est sensible, les plantes sont sensibles, un

---

[1] D'après M. Paul BERRET : *La philosophie de V. Hugo.*

arbre a des organes, tout vit, tout se nourrit, la nature n'a qu'une loi. On ne peut blesser aucun être sans outrager cette nature ».

Lamartine, de son côté, fait de la métempsychose une sanction et une épuration. « Les naufragés de la terre, disait-il à son ami Lacretelle, sont recueillis après la mort dans une autre sphère... Puis... ils retombent dans d'autres batailles, dans d'autres univers, sous un autre soleil, dans une autre épreuve [1]... » « La lumineuse théorie des sphères, des incarnations sans fin dans les humanités renouvelées, et des épurations successives... (Lamartine) inclinait vers cette vraisemblance [2]. » En 1837, n'avait-il pas écrit dans *La Chute d'un ange* (8e Vision), en parlant de l'homme :

> Restituant au sol l'enveloppe grossière,
> Il dépouille en mourant ses vils sens de poussière...
> Selon que son travail le corrompt ou l'épure,
> Remonte, ou redescend du poids de sa nature...
> Quand il a dépouillé ce corps matériel,
> Descendre ou remonter, c'est l'enfer ou le ciel !

Or, Victor Hugo avait lu de fort près *La Chute d'un ange*, et même il s'en est inspiré plus d'une fois [3].

---

[1] LACRETELLE : *Lamartine et ses amis*, p. 62.

[2] *Ibid.*, p. 270.

[3] Voyez les nombreuses concordances de pensées et d'images entre les deux poètes, que je signale dans les notes de mon édition de *La Chute d'un ange*. (Vitte, édit. 1926, notamment pp. 289, 295-297, 302-303). Voyez aussi M. Paul BERRET, *op. cit.*, p. 127.

Lorsqu'un an après le début des séances de Jersey, Victor Hugo affirmait qu'il était le premier dans ce siècle à avoir parlé de cette animation universelle, il se décernait donc une priorité imméritée.

Dans ce siècle, je suis le premier qui ait parlé, non seulement de l'âme des animaux, mais encore de l'âme des choses. Dans ma vie, j'ai constamment dit, lorsque je voyais casser une branche d'arbre, arracher une feuille : « Laissez cette branche d'arbre, laissez cette feuille... Quant aux animaux, non seulement je n'ai jamais nié leur âme, mais j'y ai toujours cru.

(*Le Journal de l'exil*, septembre 1854.) (D'après P. BERRET, *La Philosophie de Victor Hugo*, p. 34.)

Mais un point essentiel de son témoignage doit pourtant être retenu, c'est l'aveu qu'il connaissait l'essentiel de la doctrine spirite avant qu'elle ne lui revînt confirmée par l'autorité du trépied. On pourrait d'ailleurs rapporter, de lui, d'autres aveux semblables :

« J'avais trouvé par la seule méditation plusieurs des résultats qui composent aujourd'hui la révélation de la table... j'en avais entrevu d'autres, qui restaient dans mon esprit à l'état de linéaments confus... Cela est exact au point que j'ai été un moment contrarié dans mon misérable amour-propre humain par la révélation actuelle, venant jeter autour de ma petite lampe de mineur une lumière de foudre et de météore. Aujourd'hui les choses que j'avais vues en entier, la table les confirme, et les demi-choses, elle les complète. En cet état d'âme, j'ai écrit... »

(D'une question de V. Hugo dans la séance du 19 septembre 1854.)

On dirait que les esprits de Jersey s'appliquent à refléter les idées du poète. Quand ces esprits répondent à un nom historique, il peut exister alors de singulières contradictions entre les idées qu'ils représentent dans l'histoire et les discours que la table leur fait tenir. C'est ainsi que l'on est pas médiocrement surpris de voir Jésus-Christ converti dans l'au-delà à la religion de Victor Hugo.

Mais notez que le poète est surpris tout le premier de ces rencontres inattendues. Ses étonnements mêmes suffisent à écarter tout soupçon de supercherie ou de mauvaise foi. Les témoignages de ces étonnements sont nombreux dans les compte-rendus des séances.

« *Jésus-Christ.* — ... Les tables jetteront des vérités surnaturelles dans le vrai humain ; elles prouveront la fraternité des hommes avec les bêtes ; l'égalité des bêtes avec les plantes, l'égalité des plantes avec les pierres, la solidarité des pierres avec les étoiles, elles feront monter... » *(Séance du 22 mars 1855.)*

Hugo, frappé par tout ce que cet animisme universel offre de commun avec sa propre philosophie antérieure, et avec les vers de *Magnitudo parvi* et de *Ce que dit la Bouche d'ombre,* note ici entre parenthèses :

(J'ai écrit tout ceci en vers ces jours passés.)

Et la séance, par la suite, ne fera qu'accentuer ces concordances, et confirmer l'étonnement du poète. Étonnement d'autant plus justifié que la table déclare ignorer les vers auxquels le poète fait allusion. « Connais-tu, lui demande le poète, des vers que j'ai faits ces jours-ci, et qui sont par le fond et par beaucoup de détails, identiques à ce que tu viens de nous dire? Il est arrivé plus d'une fois que les êtres mystérieux qui nous parlent par la table nous ont dit connaître nos travaux? » Réponse : « Non ».

Le 15 mars 1854, l'esprit qui agite la table déclare encore être Jésus-Christ. Il commence par critiquer le druidisme et le christianisme. Puis il exalte la révélation nouvelle apportée par un mystérieux chemineau.

« *Jésus-Christ.* — ... un jour, tout à coup, dans le temple, un inconnu entra vêtu de haillons, ... tenant le formidable bâton de voyage de l'avenir ; c'était le mendiant Esprit-humain ; ... c'était le marcheur de l'ombre ; c'était le promeneur des abîmes, ... le faiseur de millions de lieues de l'immensité ; c'était l'être... qui pense ; c'était le grand interlocuteur de Dieu... » *(Séance du 15 mars 1854.)*

Or, en marge du procès-verbal, Victor Hugo transcrit une strophe écrite par lui le 1er janvier précédent. L' « interlocuteur de Dieu y figure en toutes lettres, et l'idée du « *mendiant* » sublime, sans que le mot y soit, est largement paraphrasée avant la lettre dans la définition qu'il donne du poète-prophète, contre lequel s'acharne et aboie la foule grégaire :

VICTOR HUGO. — J'ai fait ces vers :

> Le prophète et le poète
> Affirment l'être au néant :
> La terre écoute, inquiète,
> Cet archange et ce géant :
> La foule aux vils dialogues,
> Ce tas de loups et de dogues
> Qui rôdent sous le ciel bleu,
> Tout ce noir troupeau qui ~~vit~~ nie
> Aboie après le génie
> Interlocuteur de Dieu.

Ces vers seront recueillis plus tard dans *La Dernière gerbe*.

Dans le temps que le poète humanitaire caressait le plus assidûment son rêve de fraternité universelle et d'embrassade générale, son messianisme généreux recevait l'assentiment d'un des plus notables habitants de l'invisible : l'*Ombre du Sépulcre*. Mais les formules mêmes dont le mystérieux personnage libellait son adhésion ressemblaient tellement à celles dont s'était servi le poète, que celui-ci se montrait à la fois surpris et flatté de cette communauté imprévue de pensée et de langage.

« L'Ombre du sépulcre. — Un immense besoin de dévouement voilà la loi des mondes ; ... le firmament, c'est la république symbolique qui mêle les astres de tous les rangs et réalise la fraternité...

V. Hugo : J'ai dit :

L'avenir, c'est l'hymen des hommes sur la terre
Et des étoiles dans les cieux [1]. »

(Séance du 18 décembre 1854.)

Hugo est un **verbal** et un **visuel** ; il appartient à cette famille d'esprits pour qui la pensée est, comme nous disons entre pédants, « conditionnée » par l'expression. Le mot précède, provoque en quelque façon et, pour ainsi dire, engendre l'idée. Elle ne prend corps et vie qu'à l'appel précis du mot apparu nettement, et distinctement entendu. Victor Hugo parle d'abord, il pense ensuite. Il ne conçoit vraiment les choses qu'après les avoir perçues sensiblement par la vue et par l'ouïe, sous la forme matérielle du signe et du son. Les tables rendirent à sa pensée philosophique, jusque-là indistincte, le service de la lui renvoyer parlée, matérialisée, et dans des conditions d'autant plus impressionnantes, et plus aptes à forcer son attention, qu'elles lui semblaient magiques.

Sa pensée réagissant à son propre écho, se fixe dès lors et se définit pleinement. Antérieurement

---

[1] Ces vers de Hugo figurent dans *Tout le passé et tout l'avenir*, pièce écrite du 7 au 17 juin 1854 et recueillie dans la *Légende des siècles*.

aux séances de Jersey, les éléments de sa métaphysique spirite (croyance à l'animation universelle, à la nécessité d'une survie et d'une sanction, mais d'une sanction qui ne fût pas l'enfer) existaient chez lui à l'état fragmentaire, et comme isolés les uns des autres. L'étincelle jaillie des tables précipite en une vaste synthèse ces aspirations jusque-là éparses : elles se rejoignent et s'ordonnent dans l'unité d'un système cohérent.

Hugo fait ainsi un véritable progrès dans la connaissance de lui-même. Et c'est dans le premier enthousiasme de cette découverte récente qu'il écrit à Mme de Girardin, le 4 janvier 1855, la lettre triomphale déjà rapportée :

« Les tables nous disent des choses surprenantes... Paul Meurice vous a-t-il dit que tout un système cosmogonique par moi trouvé et à moitié écrit depuis vingt ans, avait été confirmé par les tables avec des élargissements magnifiques?... »

Comme Narcisse, il se penche sur la fontaine, tout étonné, et plus encore ravi, que l'image qu'il en reçoit ressemble si merveilleusement à sa propre image. « Les êtres qui habitent l'invisible, observe-t-il au cours de la séance du 19 septembre 1854... voient la pensée dans nos cerveaux... Les êtres mystérieux et grands qui m'écoutent *regardent quand ils le veulent dans ma pensée comme on regarde dans une cave avec un flambeau.* »

CHAPITRE VII

« A la manière de » V. Hugo.

SOMMAIRE. — Extraits comparés. — Les images bibliques. — Les anges. — Une citation de l'Ombre du Sépulcre. — Défauts communs.

Nous nous sommes étendus assez longuement, dans le chapitre précédent, sur la philosophie des tables dans ce qu'elle offre de ressemblance avec la pensée antérieure du poète philosophe. Je voudrais étudier ici plus spécialement leur style. J'y retrouve la manière, les manies, de notre poète.

> Le fossoyeur...
> Jette sur le cercueil la terre.....
> Le mort est seul.....
> Quand naît le doux matin,...
> Il sent la chevelure affreuse des racines
>   Entrer dans son cercueil.

(Les Contemplations « Pleurs dans la nuit », 30 avril 1854.

> C'est l'heure où le jour naît dans la tombe ou dans l'ombre ;
> Le cadavre enterré par le fossoyeur sombre
>   Sent que le ver le mord.

(Vers du Lion d'Androclès. *Séance du 9 mai 1854.)*

Nous sommes au cachot ; la porte est inflexible ;
Mais, ...
> On *entend le trousseau des clefs* mystérieuses
> **Sonner confusément.**

(Les Contemplations « Pleurs dans la nuit », 30 avril 1854.)

> ... *forçats* et maudits
Écoutaient...
Entrer tout doucement dans *la porte des bagnes*
> *La clef des paradis.*

(Vers du Lion d'Androclès. *Séance du 9 mai* 1854.)

J'y vois fleurir en particulier toutes ces images sacrées tirées de l'Écriture que je signalais en 1910 dans mon étude sur *La Bible dans Victor Hugo ;* en 1910, c'est-à-dire à un moment où *Les tables de Jersey* n'ayant pas paru, je ne connaissais pas encore leur littérature. Leurs discours sont émaillés des images familières du poète : l'échelle de Jacob, Babel, Endor, le fumier de Job, Sinaï, le Thabor, le Calvaire.

La lutte de Jacob avec l'ange *(Genèse,* XXXII, 22) était, depuis 1840, un des symboles auquel Hugo recourait le plus volontiers pour exprimer l'antagonisme de la matière et de l'esprit[1]. Or Jacob lui-même s'exprimait ainsi à Jersey le 22 janvier 1854 :

« ... C'est le combat de l'homme contre le monde invisible, c'est le pugilat du corps contre l'âme, c'est le

---

[1] Cf. mon étude sur *La Bible dans Victor Hugo.* Deuxième partie, p. 30.

duel de la chair avec l'esprit, c'est le sombre champ clos
du doute, *c'est la lutte éternelle de Jacob avec l'ange.* »

(Les Tables tournantes de Jersey, p. 140.)

Une autre métaphore biblique, tirée de Job,
à laquelle Hugo marque depuis 1830 une faveur
persévérante, est celle de la mer sondée et de la
pêche des perles [1]. Or les tables de Jersey affec-
tionnent aussi cette image. Elles s'en servent à
plusieurs reprises. La voici par exemple utilisée
par la Critique.

« VACQUERIE.— *Quand je t'ai demandé* de caractériser
Shakespeare, tu as dit : plongeur de l'âme. *Veux-tu nous
développer ce mot ?*
LA CRITIQUE. — L'âme humaine avant Shakespeare
était une mer insondée. Eschyle avait eu tout de la mer,
... tout, excepté la perle ; Shakespeare a plongé et il a
rapporté l'amour. » *(Séance du 19 septembre 1853.)*

Répondant au reproche d'user de termes bibliques, l'Ombre du sépulcre avait dit entre autres
choses :

« L'Ombre du sépulcre n'a pas d'ailes ; ... l'Ombre du
sépulcre n'est pas un ange, comme l'église les voit, en
robe blanche et *une palme dans la main...* » (Cf. plus loin,
p. 62.)

Or, justement, les anges de Hugo portent des
objets symboliques (palmes, gerbes, glaives et

---

[1] Voyez de nombreux exemples de cette image dans la
partie documentaire, pp. 18-19, de *La Bible dans Victor Hugo.*

bâtons) comme ceux de saint Jean portaient des verges d'or (*Apocalypse*, 21), et comme ceux auxquels l'Ombre fait allusion.

> ... Je vis alors que (l'ange) tenait une palme [1].
>
> (Ils tiendront)
>
> Des rayons frissonnants semblables à des palmes [2].
>
> ... La palme, cette flamme
>
> Faite d'azur, frémit devant des mains sanglantes [3].
>
> Ils riaient et portaient toute la terre en gerbes [4].
>
> Tous ont les mains pleines de gerbes [5].
>
> Il tenait les morceaux d'un glaive dans ses mains.
>
> Ils tenaient des bâtons comme font les consuls [6].

L'Ombre du sépulcre, à laquelle d'ailleurs se rattache par tant de liens la Bouche d'Ombre des *Contemplations*, plaide sa cause littéraire dans le style du futur *William Shakespeare* hugolien. Voici un spécimen de sa manière, dans laquelle on est forcé de reconnaître une imitation, et même chargée (venant d'un moins grave personnage, nous dirions : une charge), de la prose littéraire de Hugo.

---

[1] « Dieu », « L'Ange », 1856.
[2] *Les Contemplations* « Ce que dit la Bouche d'Ombre », 1854.
[3] *Les Quatre Vents*. « L'échafaud ».
[4] *Les Contemplations*. « Les malheureux ».
[5] *Les Quatre Vents* « Ils sont toujours là ».
[6] *Légende des siècles*. « La vision de Dante. »

« Imprudent, tu dis : l'Ombre du sépulcre parle le langage humain, elle se sert des images bibliques, des mots, des figures, des métaphores, des mensonges pour dire la vérité ; l'Ombre du sépulcre n'a pas d'ailes, l'ombre du sépulcre ne tient pas de livre ouvert devant Dieu ; l'ombre du sépulcre n'est pas un ange, comme l'église les voit, en robe blanche et une palme dans la main ; l'ombre du sépulcre n'est pas une mascarade ; tu as raison, je suis une réalité. Si je descends à vous parler votre jargon, où le sublime consiste en si peu de tempête, c'est que vous êtes limités. Le mot, c'est la chaîne de l'esprit, l'image, c'est le carcan de la pensée. Votre idéal, c'est le collier de l'âme. Votre sublime est un cul-de-basse-fosse ; votre ciel est le plafond d'une cave, votre langue est un bruit relié dans un dictionnaire ; ma langue, à moi, c'est l'immensité, c'est l'océan, c'est l'ouragan ; ma bibliothèque contient des millions d'étoiles, des millions de planètes, des millions de constellations. L'infini est le livre suprême et Dieu est le lecteur éternel. Maintenant si tu veux que je te parle dans mon langage, monte sur le Sinaï et tu m'entendras dans les éclairs ; monte sur le Calvaire et tu me verras dans les rayons, descends dans le tombeau et tu me sentiras dans la clémence [1]. »

Sublimes ou non, en vers ou en prose, tous ces discours sont longs, implacablement. Le lion d'Androclès, l'ânesse de Balaam, ouvrent une carrière si libre à leur rhétorique démuselée qu'ils nous font penser à l'*Ane* du poème. Un humain pourtant l'emporte en verbosité sur cet animal : c'est Shakespeare. Il abuse quand il occupe le trépied. Il

---

[1] D'après Jules Bois : *Les tables de Jersey* (« Revue bleue du 27 janvier 1906).

dispute à l' « Ombre du sépulcre », le record de la longueur pour le sublime. Mais voilà encore un nouveau trait de famille : cette abondance, cette redondance, cette outrance verbale, sont éminemment hugoliennes. Il sera dit que le poète en impose tellement à ses hôtes mystérieux qu'ils reproduisent jusqu'à ses défauts. Et qu'ils les amplifient. Décidément la table de Jersey est un miroir grossissant. C'est une table de multiplication [1].

---

[1] Une analyse comparative des procédés de style des tables et de Hugo nous ménagerait bien d'autres surprises.

Par exemple, l'emploi, par les tables, des noms composés formés de deux noms en apposition, procédé cher à Hugo. Cf. : vase-châtiment (*Les tables*, p. 235) ; granit-châtiment (p. 273) ; cerveaux-planètes (p. 321) ; oiseaux-forêts (p. 375).

Mais un tel exposé serait nécessairement fastidieux, car il faudrait le pousser dans le détail.

CHAPITRE VIII

Les influences réciproques.

SOMMAIRE. — Les emprunts du Lion d'Androclès à Hugo : vers isolés ; description de villes perverses ; énumérations de noms propres. — Les emprunts de V. Hugo au Lion d'Androclès.

Il arrive que les tables et Hugo se fassent des emprunts réciproques. Elles semblent lire dans le cerveau du poète, et répondre aux préoccupations qui l'assiègent au moment présent, tandis que lui, à son tour, exploite les thèmes qu'elles lui proposent et se soumet à leur influence littéraire.

De ce que je veux prouver un lion fera foi. Devinez qui vient répondre le 24 mars 1854 à l'appel des évocateurs? Le lion d'Androclès ! Il faut savoir que, un mois auparavant, le 28 février, Victor Hugo avait dédié une longue pièce *Au lion d'Androclès* [1]. Cet animal, avant de hanter le

---

[1] Cette pièce figure aujourd'hui dans *La Légende des siècles*. Rappelons qu'Androclès, livré aux bêtes lors des persécutions romaines contre les chrétiens, rencontre par hasard dans le cirque un lion qu'il avait jadis secouru en lui arrachant une épine du pied ; la bête reconnaissante épargna Androclès, et lui lécha les mains.

salon, a donc longuement séjourné dans la salle de travail de Marine-Terrace.

Mais il y a plus. Comme le lion désirait être interrogé en vers, Hugo le salue par la lecture de la pièce récemment écrite en son honneur. La réponse du lion, fort belle ma foi! est également en vers. Le sujet? Le même que celui que le poète avait développé quelques semaines auparavant, c'est-à-dire l'antithèse fondamentale du désert et de la cité, du monstre magnanime et de l'homme pervers. Même thème. Souvent aussi mêmes images. Voici une curieuse rencontre d'expressions, rencontre dont le poète fut frappé tout le premier.

Les roses des étangs, *ces coquettes nocturnes*.

(« Vénus », *Toute la lyre*. « La nature », XXVI, pièce du 6 mars 1854).

Les fleurs dans les forêts, *ces coquettes nocturnes*.

(Le Lion. *Séance du* 25 avril 1854.)

De cette lutte littéraire sur un même sujet entre le lion et le poète, il serait d'ailleurs assez difficile de décider lequel sortit vainqueur, tant l'un et l'autre émules déploient de génie dans l'amplification. Voici à titre d'exemple, un épisode de ce tournoi magnifique. Il s'agit d'un tableau de Rome perverse brossé tour à tour par le Lion et par Hugo.

1º *La ville du Lion jersien.*

Là-bas, ... une ville effrayante, inondée
De lumière et de sang, volcan par son idée,
       Par ses crimes égout.

... une cité sombre et qu'on appelle Rome,
Faisant des monstres dieux après le Dieu fait homme,
       Palais-charnier-harem,
Des temples écroulés reconstruisant le dôme,
Poussant l'éclat de rire infâme de Sodome
       Derrière Bethléem ;

Ville devant qui l'œil épouvanté recule,
Pleine d'un noir fumier, immense comme Hercule,
       Vile comme Augias,
Dans la boue et le sang plongeant ses murs sévères,
Nid de crimes hideux où déjà les Tibères
       Couvaient les Borgias.

— Victor Hugo. — Ne trouves-tu pas que *ville* et *vile* à si peu
de distance font un mauvais effet? Veux-tu mettre *cité*, par exemple,
à la place de ville? — La table : Oui.

. . . .
Ses doigts de courtisane usaient dans les orgies
       Le profil des Césars.

... cette ville donc, reine prostituée,
Virginité tombée et gloire polluée,
       Veuve de son rayon,
... tandis que Jésus naissait parmi les anges,
Ordonnait que le monde insultât à ces langes
       Et baisât son haillon !

(La table. Séance du 30 mars 1854.)

2° *La ville de V. Hugo.*

La ville ressemblait à l'univers. C'était
Cette heure où l'on dirait que toute âme se tait,
Que tout astre s'éclipse et que le monde change.
Rome avait étendu sa pourpre dans la fange...
Rome buvait, gaie, ivre, et la face rougie ;
Et l'odeur du tombeau sortait de cette orgie.

. . . .

Toute honte à présent était la bienvenue.
Messaline en riant se mettait toute nue,
Et sur le lit public, lascive, se couchait ;
Epaphrodite avait un homme pour hochet.

. . . .

Saignant, fumant, hideux, ce charnier de géants
Semblait fait pour pourrir le squelette du monde.

. . . .

Le noir gouffre cloaque au fond ouvrait son arche
Où croulait toute Rome ; et, dans l'immense égout,
... Le César d'aujourd'hui heurtait celui d'hier.

. . . .

Et l'on voyait, c'était la veille d'Attila,
Tout ce qu'on avait eu de sacré jusque là
Palpiter sous son ongle, et pendre à ses mâchoires
D'un côté les vertus et de l'autre les gloires.

(HUGO, 28 février 1854.)

Le Lion reparaît à dix reprises à Jersey au cours
de cette année 1854, notamment le 9 mai. Certaines des expressions qu'il emploie à cette date
font écho à des vers écrits dix jours auparavant
par Hugo. Il emprunte par exemple au poète de
longues énumérations de noms propres. Il s'agit

d'insignes criminels qui expient leurs méfaits dans des métamorphoses appropriées.

> Est-ce que le chasseur *Nemrod*, Sforce le pâtre,
> Est-ce que Messaline, est-ce que *Cléopâtre*, ...
> Et Phalaris, *qui fit du hurlement...*
>
> Seraient, dans cette nuit, d'hommes devenus spectres
> Et pierres de tyrans?
> . . . .
> Est-ce que ces cailloux, tout pénétrés de crimes
> Vivraient affreusement?
>
> (HUGO. *Les Contemplations* « Pleurs dans la nuit, » 30 avril 1854.)

> **Toi**, taureau Goliath, épouvante du pâtre,
> Cèdre *Nemrod*, boa Nisus, ver *Cléopâtre*,
> Rhinocéros Caïn,
>
> **Despotes devenus les vermines des astres**
> **Bœuf *Phalaris qui vas hurlant* sous nos pilastres,**
>
> (Le lion. *Séance du 9 mai* 1854.)

Nous allons retrouver en octobre 1854, dans *Ce que dit la Bouche d'Ombre* des « Contemplations » une revue criminelle semblable.

> Alors l'hyène Atrée et le chacal Timour
> Et l'épine Caïphe et le roseau Pilate,
> Le volcan Alaric a la gueule écarlate [1], etc.

Aussi bien, si le Lion de Jersey est tributaire de Hugo, Hugo de son côté, ne manque pas d'obli-

---

[1] Toi qui remplis le ciel de ta brûlante haleine.
Erostrate volcan. (« Le lion ». *Séance du 9 mai* 1854.)

gations envers cet animal. D'abord, dès le début de l'année 1854, en janvier, le lion avait fait une brève apparition dans la table de Jersey, et les paroles prononcées par lui dans cette circonstance ont certainement été l'amorce de la propre pièce *Au lion d'Androclès* de Hugo écrite en février.

Ensuite *Les lions* (1857) de la Légende des siècles, dérivent en partie par une longue description de ville perverse, du discours en vers prononcé à Jersey dans la nuit du 30 mars 1854 par le Lion d'Androclès, discours dont le thème principal est justement la description d'une ville semblable. Enfin la malédiction des villes va devenir un des thèmes favoris du prophétisme hugolien. A partir de 1853, et pour des raisons faciles à deviner, Hugo, qui croit avoir à se plaindre de la capitale, exerce contre elle sa verve prophétique. Il la charge de tous les crimes de Tyr, de Babylone et de Ninive, et fait pleuvoir sur elle les malédictions que les prophètes suspendaient sur les villes païennes et que le Lion de Jersey avait dirigées contre Rome. La cité décrite dans *Cérigo* (1855) des « Contemplations » ; dans l'*Aigle* et l'*Ange* (1856) du poème « Dieu » ; dans *Christ voit ce qui arrivera* (1859) de « La Fin de Satan » ; dans *Les lions* et *La ville disparue* de la Légende, c'est Paris, n'en doutez pas, le Paris impérial dans tout l'orgueil et la joie de son opulence. Opulence trompeuse, et qui présage les pires catastrophes. La ville suivra le sort inévitable de Babylone, de

Tyr, et de Sodome, mais pas avant d'avoir partagé leur prospérité : et c'est là pour le poète-prophète, l'occasion toujours nouvelle et toujours recherchée, de décrire ces perversités dorées. Il les décrit avec des traits empruntés à ses lectures anciennes d'Isaïe et d'Ézéchiel, mais aussi à ses plus récents souvenirs des tables de Jersey. Il n'est que de comparer les nombreux tableaux de villes maudites que j'ai reproduits dans *La Bible dans Victor Hugo* (pp. 259-271) avec la ville dépeinte par le Lion d'Androclès.

Les anathèmes contre les villes ne représentent d'ailleurs qu'une part infime de l'influence poétique du lion jersien apparu dans les tables. Cet animal a laissé dans l'œuvre hugolienne des vestiges immenses encore inexplorés. Des pièces entières marquent son passage : *Au lion d'Androclès* (Légende des Siècles) ; *Les lions* (ibid.) ; *Les hommes de paix aux hommes de guerre* (ibid.) ; *Androclès* (Les Quatre Vents) ; *L'épopée du lion* (Art d'être grand-père) ; *Le campéador* (Toute la Lyre) ; la pièce VIII de *La Pensée* (ibid.) ; *La méridienne du lion* (Chansons des R. et des B.).

Mais la présence du lion jersien ne se manifeste pas seulement dans les pièces dont il remplit le cadre. Il va et vient dans les arrière-plans obscurs de l'imagination hugolienne. La moindre excitation suffit pour le tirer un instant de l'ombre et l'amener là, devant nous, en pleine lumière.

1854   ... et le lion songeant sous les étoiles.
> *(Contemplations « Pleurs dans la nuit ».)*

—   Et l'antre où les lions songent près des prophètes
> *(Fin de Satan p. 266.)*

—   (Dieu) vit dans les lions comme dans Daniel. *(Ibid.)*

L'inconsciente hantise du lion jersien se traduit d'une autre façon encore chez Hugo, dans son vocabulaire. A partir de 1854, c'est-à-dire après la visite du lion d'Androclès à Jersey, les « fauves » se multiplient, pullullent. L'adjectif est employé dans un sens métaphorique. C'est justement dans certains vers dictés par la table que se rencontre pour la première fois cette acception figurée.

1854 (9 fév.) Calmant par son regard les *fauves* passions,
    C'est le grand Daniel de la fosse aux lions.
> *(Les Tables, p. 199.)*

—   (18 fév.) (Et) L'océan *fauve* ajoute...,
> *(Légende des Siècles. « L'Océan ».)*

—   (mars). Abrutissement *fauve* et fou ! terreur !
    [géhenne !
> *(Fin de Satan, p. 45.)*

—   (Juin). Il allait au hasard dans la nature *fauve*.
> *(Légende des Siècles. « Tout le passé et tout l'avenir ».)*

—   (Oct.). Oui, ton *fauve* univers est le forçat de Dieu.
> *(Les Contemplations « Ce que dit la Bouche d'Ombre.)*

—   (22 nov.). Sur le *fauve* Liban conseillait les pro-
    [phètes.
> *(Les Quatre Vents « Le livre satirique » « Littérature ».)*

1855 **Dans leur *fauve* horreur.....**
>(*Les Contemplations* « J'aime l'araignée ».)

1856 **Les *fauves* promeneurs rôdant dans les batailles**
>(*Légende des Siècles.* « Paroles dans l'épreuve ».)

1857 **Et ce roi *fauve* avait trouvé bon que cet antre.**
>(*Légende des Siècles.* « Les Lions ».)

>Jadis quand il avait sa *fauve* liberté (*Ibid.*)

1859 **L'esprit de l'Orestie avec un *fauve* bruit.**
>(*Légende des Siècles.* « La vision d'où est sorti ce livre ».)

1859-1860 La menace qu'on sent dans les lieux noirs sem-
Plus *fauve...*   [bla
>(*Fin de Satan*, p. 277.)

Le discours en vers du Lion de Jersey, dans la séance du 25 avril 1854, nous offre un cas de rencontre littéraire plus curieux encore. Il ne s'agit plus d'emprunts mutuels qui supposent l'antériorité d'une production par rapport à l'autre. Il s'agit de créations simultanées.

Rappelons-nous que le Lion improvise. Un tel effort ne doit pas aller sans quelque fatigue. Et l'on conçoit que la dictée de son long poème n'ait pas été faite d'affilée (elle se répartit entre plusieurs séances) et trahisse parfois quelque hésitation.

Or un soir, justement, au cours de son improvisation superbe, notre Lion s'est interrompu, hésitant. Il était en train de vitupérer les lions domestiqués, qui, non contents d'accepter d'être esclaves, consentent à devenir les complices des lâchetés humaines, et à se faire, dans l'arène, les bourreaux des martyrs.

> Et, monstres qu'on repaît de massacre et de honte,
> Géants apprivoisés sur qui l'opprobre monte,
>   Sans cœur et sans esprit,
> *Ils levaient sur les saints leur patte sacrilège*
> *Et leurs ongles saignants s'enfonçaient viv...*

C'est moi qui souligne les deux vers précédents. Ils ne satisfont pas l'esprit frappeur. Il va les refaire et terminer sa strophe. Mais pendant l'interruption qui a duré quelques minutes, Hugo, de son côté, s'est mis au travail, et il écrit les trois vers suivants qu'il ne montre à personne autre qu'à Auguste Vacquerie.

> *Ils déchiraient les saints expirant sur la claie*
> *Et leurs ongles hideux élargissaient la plaie*
>   *Au flanc de Jésus-Christ.*

Presque aussitôt la table s'est remise en mouvement, et a terminé la strophe ainsi, presque dans les mêmes termes que Hugo :

> *Leurs pattes déchiraient les martyrs sur les claies,*
> *Et Jésus-Christ prenait leurs ongles dans ses plaies,*
>   *O gibet, pour tes clous.*

Notez que Vacquerie ne figurait point parmi les opérateurs. C'étaient Charles Hugo et Théophile Guérin qui, ce soir-là, imposaient les mains au guéridon. Aussitôt connus les vers de la table, Hugo a lu les siens tout haut. On s'est récrié :

Mme Hugo, *à la table :* — Est-ce que tu as lu les vers de mon mari avant de faire les tiens?
— Non. *(Séance du 25 avril 1854).*

Déjà le 25 janvier précédent, une émulation presque semblable avait mis aux prises Shakespeare et Hugo. Shakespeare dictait des vers par la table :

Morts nous nous écartons, humbles, sous les étoiles,
Nous nous cachons, rêveurs derrière nos tombeaux.
Et là, nous regardons l'immensité sans voiles.

. . . .

Ici la table s'interrompit et pria Hugo de composer le dernier vers de la strophe, pendant qu'elle-même préparerait le sien de son côté. Trois ou quatre minutes après, Hugo proposait son vers :

L'astre éternel éteint les terrestres flambeaux.

Puis la table dit le sien :

Sur nos astres éteints allumer ses flambeaux.

et, sur une question de Hugo, elle lui répondait : « J'aime mieux ton vers » [1].

---

[1] *Séance du 25 janvier 1854.*

Si donc les tables ont subi profondément l'ascendant de Victor Hugo, non moins profonde sans doute fut l'influence exercée par elles sur lui, et dans tous les domaines de sa pensée, de sa vie et de son art. Il nous reste à traiter à part cette question avec tous les développements que comporte son importance.

DEUXIÈME PARTIE

L'influence des tables sur Hugo

L'HOMME

CHAPITRE IX

« J'aime l'araignée et j'aime l'ortie » [1].

SOMMAIRE. — Croyance aux âmes des choses. — Foi militante. — Le jardin de Hauteville-House. — Les deux canards. — Le homard d'Adèle. — La levrette Lux. — L'étonnement des visiteurs.

Depuis que les tables l'ont confirmé dans sa foi en la métempsychose, la sympathie universelle de Victor Hugo pour la création se développe sans mesure.

Après 1853, à tous les carrefours de sa vie et de sa pensée, et sous mille formes diverses, nous retrouvons les mêmes prescriptions : *Ne maltraitez pas les animaux ! Paix aux plantes !*

L'horreur fait frissonner les plumes de l'oiseau.
Tout est douleur. Les fleurs souffrent sous le ciseau,

---

[1] *Les Contemplations* Livre III, pièce XXVII, 12 juillet 1855.

> Et se ferment ainsi que des paupières closes ;
> Toutes les femmes sont teintes du sang des roses.
> La vierge au bal, qui danse, ange aux fraîches dou-
> Respire en souriant un bouquet d'agonies.   [ceurs,
> Pleurez sur les laideurs et les ignominies [1].

« Victor Hugo n'aime les fleurs que sur pied. Il proscrit les bouquets et regarde les fleurs coupées comme des agonisantes. Nous ne l'avons jamais vu couper une fleur, même pour ses plus jolies visiteuses... »

« Il explique à ses petits enfants que les fleurs vivent et respirent comme nous, sont des personnes vivantes, et qu'il ne faut pas qu'il y ait trop de monde dans un appartement [2] ».

Est-ce simple fantaisie de végétarien? Application anticipée de la loi Grammont? Non. Le poète obéit à des suggestions d'un autre ordre. Méditez *Ce que dit la Bouche d'ombre* [3] d'où sont déjà tirés les vers cités plus haut :

> Pleurez sur l'araignée immonde, sur le ver,
> Sur la limace au dos mouillé comme l'hiver,
> Sur le vil puceron qu'on voit aux feuilles pendre,
> Sur le crabe hideux, sur l'affreux scolopendre,
> Sur l'effrayant crapaud, pauvre monstre aux doux
> Qui regarde toujours le ciel mystérieux ;   [yeux,

> ... *Ayez pitié. Voyez les âmes dans les choses...*

---

[1] *Les Contemplations* « Ce que dit la Bouche d'ombre », 1854.

[2] *Propos de table de V. Hugo* recueillis par Richard Lesclide Paris E. Dentu, éditeur, 1885. In-8° petit, p. 278. Lesclide fut quelque temps secrétaire de V. Hugo.

[3] Le manuscrit (Bibliothèque Nationale) est suivi de cette note de la main du poète : « J'ai fini ce poème de la fatalité

Hugo vivait sa foi spirite, tout simplement. Foi effective, agissante. Même volontiers militante. De là le ton parénétique de beaucoup d'œuvres de cette époque. Il avait réussi à gagner à ses idées Auguste Vacquerie.

« Conversations (avec Hugo) sur l'humanité, sur tout... Est-ce que le chêne et la pierre auraient des âmes? Je crois qu'elles en ont... Les âmes des végétaux et des minéraux sont dans des conditions plus dures que les autres.»

(Lettre d'Auguste Vacquerie à son neveu ; Hauteville-House, 1856. — D'après Paul BERRET, *op. cit.*, p. 42.)

« A présent, écrit Vacquerie en 1856, je n'arracherais pas plus un pétale à un camélia qu'une aile à une mouche. Les jeunes filles qui effeuillent les marguerites pour savoir si elles sont aimées passionnément me font l'effet de prêtresses terribles qui questionnaient les convulsions des victimes égorgées, et je ne voudrais pas toucher leurs mains cruelles. Je ne ferais pas de mal à une allumette. Je plains les clous. Dans une exécution, c'est le couteau de la guillotine qui est condamné ! »

(Profils et grimaces, pp. 307. Cf. aussi *Depuis,* Paris, Lévy 1894, p. 177.)

Théophile Gautier lui-même, si réfractaire aux rêves psychiques et qui semblait sans appétit pour le mystère, finit par se pénétrer des idées du maître, et on le voit écrire un roman intitulé *Spirite* où il déduit, après Emmanuel Swedenborg,

---

universelle et de l'espérance éternelle le vendredi 13 octobre 1854. »

Certaines éditions portent la date erronée de 1855.

les aventures astrales d'un amant qui change de corps sans pouvoir incliner à ses vœux l'âme dont il est épris.

Cette pitié qu'il accordait aux roses et aux oiseaux, Victor Hugo l'étendait libéralement aux chenilles et aux limaçons. Défense absolue de tuer quoi que ce soit chez lui [1]. A Guernesey, son jardin était un lieu d'asile pour toute bête laide, maléficiée ou malfaisante. Crapauds et couleuvres y pullulaient. Voyez-vous, dans la pièce d'eau, ces deux superbes canards? Leur histoire est tout un poème. Un jour la cuisinière, malgré des ordres formels, avait rapporté du marché deux canards vivants qui ne lui demandaient rien. Déjà, elle s'apprêtait à les sacrifier. Hugo survint. Il était temps. Il déclara tout net que l'on se passerait de dîner plutôt que de verser le sang dans sa maison. Depuis lors, nos canards se survivaient avec ostentation. Lustrés, glorieux, bavards, ils étaient chéris de leur maître, non pas autant que les crapauds, bien entendu, mais presque autant. On lit, à la date du 16 décembre 1860, dans ses Carnets inédits, que possède actuellement M. Louis Barthou : « J'ai fait mettre les canards en liberté dans le jardin, pour leur dimanche [2]. »

---

[1] *Victor Hugo anecdotique*, par N. MARTIN-DUPONT, pp. 75-77

[2] Sur ces *Carnets*, rédigés de sa propre main par le poète à partir de 1856, et qu'il ne faut pas confondre avec le *Journal de l'exil*, rédigé par sa fille Adèle jusqu'en 1856 seulement, voir les *Annales politiques et littéraires* de janvier et février 1910.

Il n'en était pas à son premier sauvetage. Est-ce qu'il n'avait pas délivré un homard? Un jour, à Jersey, on avait pu voir sa fille Adèle se hâter vers la plage, pour rendre à l'océan un homard dont elle avait peine à se défendre. Une autre fois, c'était un crabe qu'il avait pris en pitié.

> Je payai le pêcheur qui passa son chemin
> Et je pris cette bête horrible dans ma main...
> Il ouvrait une bouche affreuse ; un noir moignon
> Sortait de son écaille ; il tâchait de me mordre.
>   ...le crabe me mordit
> Je lui dis : Vis ! et sois béni, pauvre maudit !
> Et je le rejetai dans la vague profonde... [1]

A Marine-Terrace, une levrette de robe pie, Lux, pour l'appeler par son nom, était la favorite de la maison. Le général Le Flô en avait fait cadeau à Charles Hugo, le fils aîné du poète. Elle avait son lit, son coussin où, le jour, elle se mettait en rond ; dans l'intimité, elle avait son couvert à table. Pourquoi tant de faveurs? C'est, vous expliquait-on, parce qu'il était mort, autrefois, à Paris, une amie de la famille, brûlée vive dans sa parure de bal, et que l'on apercevait, dans le regard profond et doux de la levrette, l'âme même de la disparue [2] ! L'explication est symtomatique !

---

[1] *Les Contemplations.* V, p. XXII, Jersey, grève d'Azette, juillet 1855.

[2] *Victor Hugo anecdotique*, par N. MARTIN-DUPONT, Paris, A. Storck et Cie, 16, rue de Condé, 1904, p. 94.

Le *Journal de l'exil* abonde en rappels de conversations spirites pour les deux années 1854-1855.

Les parents et les familiers du poète, Adèle Hugo, Auguste Vacquerie, Paul Meurice, habitués à ces propos, les relatent sans étonnement.

Mais les admirateurs qui visitent en passant le poète à Marine-Terrace, à Hauteville-House, ou à Paris après 1870, Paul Stapfer, Savatier-Laroche, N. Martin-Dupont, nous ont laissé maints témoignages de leurs surprises. « J'entretenais un jour Victor Hugo de ces difficiles problèmes, etc... « Moi, dit-il, je crois à l'élévation graduelle des « âmes et à leurs migrations successives ; j'ai sur « ces matières un beau livre à faire. » Et des éclairs de génie jaillirent sur ces abstractions qui retombèrent bientôt pour moi dans leur redoutable obscurité [1]. »

Surprises parfois contradictoires ! Faute de rapporter à leur source profonde les courants divers de sa pensée ; faute de prendre garde que le formulaire spirite coïncide, tantôt avec le symbole panthéiste, tantôt avec le dogme chrétien, ils ont cru voir en lui un catholique orthodoxe qui s'ignore ou un panthéiste qui se déclare. Ou bien encore ils ont nié qu'il eût une philosophie, sous le prétexte qu'il en avait deux. Tout simplement ils avaient devant eux un spirite qui s'affirmait.

----

[1] SAVATIER-LAROCHE. *Affirmations et doutes*, Paris, Chamerot 1855. P. 43.

CHAPITRE X

« Je suis le têtard d'un archange. »

SOMMAIRE. — Les incarnations passées de V. Hugo. — Textes et paroles. — Les métamorphoses futures.

Alors que tant d'autres, parmi ses contemporains, ne voyaient dans la table parlante qu'un jouet pour grands enfants, une sorte de sibylle des familles, de Delphes chez soi, de Pythie du pauvre, de trépied mis à la portée de toutes les bourses, et qu'ils n'y prenaient qu'un plaisir de curiosité amusée, le commerce des tables détermine chez Victor Hugo d'orgueilleuses pensées et de vastes espoirs. Elles l'instruisent de son glorieux passé et d'un avenir plus magnifique encore. Il apprend d'elles la filiation qui le rattache à une incomparable lignée, et le sort qui attend son âme promise aux étoiles.

Le spiritisme, en effet, qui admet la métempsychose ; la métempsychose, qui comporte la migration des âmes et leurs réincarnations successives, rendaient possible, pour Victor Hugo, une ressemblance plus complète, une identification véritable, physique, avec les génies des temps passés : il descend d'eux ; ils montent de lui ; plus exactement, ils se survivent parmi nous en sa personne. Il les prolonge. Il les résume. Et il les complète par ce qu'il y ajoute de lui-même.

Il n'en vint pas du premier coup à la claire conscience de son nouveau personnage. D'abord, depuis presque toujours, il s'était attribué libéralement une place parmi l'élite [1]. Puis ce fut une place de choix. Mille heureuses complicités de personnes l'ont grandi à ses propres yeux et ont fini par lui donner une ressemblance de héros : héros d'exception. Il est le Messie des temps nouveaux, annoncé, préparé, figuré [2] par les types les plus illustres de l'humanité antérieure. Mais il ne ressemble encore que par le dehors à tant de génies qu'il dépasse. Il reste qu'il les adopte pour ses ancêtres, que leurs vies confluent dans la sienne, que leurs âmes revivent en lui, et par lui, physiquement. Sous le coup de l'illumination des tables, il fait enfin ce nouveau progrès dans la connaissance de lui-même, homme-type, génie innombrable, moi immense, vivant carrefour où se rencontrent toutes les glorieuses caravanes humaines.

On ne pouvait flatter Hugo de plus agréable façon que de saluer en lui la survivance de ces

---

1 Cf. A. GUIARD, *La fonction du poète ; Étude sur Victor Hugo*, Paris, Bloud et C¹ᵉ, 1910, in-16, 316 p. — Voir surtout les chapitres (*Shakespeare*, p. 66-91), et VII (*Eschyle*, p. 127-145).

2 Cf. C. GRILLET, *La Bible dans Victor Hugo*, p. 130-131.

âmes prédestinées. Il prend même du plaisir à divulguer le commerce mystérieux qu'il entretient avec elles. Dans une lettre à François Morand, du 22 novembre 1868, et datée de Hauteville-House, il signale, avec un visible contentement, une curieuse et fortuite rencontre d'expressions entre Shakespeare, Lesage et lui. Or ce trait déjà fort significatif prend une force nouvelle si on le rapproche de réflexions comme celle-ci, de « *William Shakespeare* » *(les Ames)*, où il se cite à lui-même beaucoup de cas semblables de communications des âmes :

« Ces hautes âmes, momentanément propres à la terre, n'ont-elles pas vu autre chose? Est-ce pour cela qu'elles nous arrivent avec tant d'intuitions?... Quelle est cette analogie d'Hercule et de Jésus qui frappait les Pères de l'Église et qui fait d'Alcide une espèce de miroir matériel du Christ?... N'y a-t-il pas communauté d'âme, et, à leur insu, communication entre... et entre..., créant au même moment, sans se connaître, etc. »

Une autre fois, — c'était à Guernesey, — le poète confiait à Paul Stapfer, non sans satisfaction, qu'un certain philosophe anglais voyait en lui une incarnation d'Isaïe, d'Eschyle... Mais, au fait, écoutons Stapfer :

« Mon philosophe, fait-il dire à Hugo, a donné la série probable des migrations de certaines âmes, entre autres de la mienne. Voici son histoire : j'ai été Isaïe, Eschyle, Judas Macchabée, Juvénal, d'autres poètes encore, plusieurs peintres et deux rois de Grèce dont j'ai oublié les noms. Victor-Hugo, quoique un peu étonné d'avoir régné sur la Grèce, me parut en somme satisfait de tous ses avatars [1]. »

Un dernier trait. Parmi les noms que le poète incrusta, en lettres gothiques damasquinées d'or mat, dans les cartouches qui ornent la cheminée du salon de Hauteville-House, on peut lire ceux de Job et d'Isaïe. Ce sont là des ancêtres, n'en doutez pas. A défaut de leurs portraits, leurs noms flamboient en bonne place dans ce salon glorieux.

Telles sont les incarnations passées de Hugo. Les métamorphoses futures qu'il présage à sa chrysalide humaine ne sont pas moins flatteuses. Il sent frémir déjà, dans son enveloppe corporelle, une aile promise à l'azur. L'archange qu'il fut d'abord,

> Avant d'être sur cette terre,
> Je sens que jadis j'ai plané ;
> J'étais l'archange solitaire,
> Et mon malheur c'est d'être né.

(Les Contemplations. Livre VI, pièce XV ; « A celle qui est voilée ».)

est en voie de reconquérir, dans la matière qui provisoirement l'enchaîne, sa forme et sa splendeur premières. Le mot rapporté par Jules Claretie [2] : » Je suis le têtard d'un archange ! »,

---

[1] *Revue de Paris,* 1er octobre 1904, p. 567 ; « Victor Hugo à Guernesey ».

[2] *Les célébrités contemporaines.* Paris, Quantin, p. 30.

Victor Hugo le prononça très sérieusement, n'en doutons pas. C'est là une des nombreuses manifestations verbales de son spiritisme. Il y confessait, sous une forme inattendue, cette rédemption progressive des âmes à laquelle il croyait de tout son cœur. — Il se flattait ? — Non ! Il se mettait sur le même pied qu'un monstre ou que Caïn :

Ne dites pas : mourir ; dites : naître. Croyez.
. . . .
Tout notre être frémit de la lumière étrange
Du monstre qui devient dans la lumière un ange.

(Les Contemplations. « Ce que c'est que la mort ». « Au dolmen de la tour blanche ». « Jour des Morts ». Novembre 1854.)

                                    ... Qui te dit
Que le jour où la mort enfin te fera naître,
Tu ne verras pas, homme, au seuil des cieux, paraître
. . . .
Un archange plus grand et plus éblouissant,
. . . .
Calme et qui te dira : C'est moi qui fus Caïn ?

                        (« Dieu ». « L'ange », 1855.)

En attendant ces glorieuses métamorphoses, Hugo sent grandir en lui un personnage d'exception, dont il cultive l'épanouissement, et dont il remplit les obligations.

CHAPITRE XI

« Je suis presque prophète et je suis presque apôtre.»

SOMMAIRE. — La mission présente du poète : mission sacrée. —
Les tables et la mission de V. Hugo. — *William Shakespeare.*
— Les souffrances de l'élu. — Le persécuté.

On n'insistera jamais trop sur les applications
que Victor Hugo se fait à lui-même de la métempsychose. Non seulement elle domine toute l'éco-
nomie du monde moral, tel qu'il le conçoit, mais
elle projette un jour merveilleux sur sa psychologie
de prophète. Dans le commerce des tables, il a
cru recevoir directement la confirmation de sa
propre mission sacrée sur la terre.　·　·　·　·　·

Depuis toujours, le poète qu'il était se croyait
investi d'une fonction sociale. Désormais il prend
conscience de son éminente vocation philosophique
et religieuse. Il se sent au plus haut point flatté
dans son amour-propre par ces visites surnaturelles : il y voit une faveur personnelle, la preuve

---

¹ Le titre de ce chapitre est emprunté aux *Quatre Vents de
l'Esprit* (Livre lyrique, pièce 53). N'hésitons pas à supprimer
l'euphémisme. Il faut traduire hardiment : « Je suis le prophète
et je suis l'apôtre du temps présent. »

que Dieu se dérange tout exprès pour lui apporter son témoignage.

« Les vérités que l'homme trouve ont besoin d'être confirmées par Dieu. Celles qui se dégagent du phénomène des tables, je les ai trouvées il y a quinze ans [1]; j'ai écrit un livre sur ces mêmes vérités, c'est le livre que ma fille me pousse tant à publier. Ce livre est confirmé par le phénomène des tables. Du reste, tous les grands hommes ont subi les révélations des esprits supérieurs. Socrate avait son génie familier... Shakespeare voyait des fantômes... Eh bien ! dans cent ans, on dira : Le livre des tables a été inspiré par le démon familier de Marine-Terrace [2]. »

L'appel d'en-haut le désigne donc pour être le Prophète et le Messie des temps nouveaux, le Prophète justicier, le Messie annonciateur du nouvel Évangile. Il reprend, pour l'enrichir, l'héritage des grands fondateurs de religions : Moïse, Mahomet, Jésus, dont il est le successeur, seulement plus grand. Plus grand? Mais oui. Car la révélation qu'il apporte au monde succède aux révélations antérieures pour les corriger et les compléter.

« Ce livre-ci (le livre des *Tables)*, qui sera probablement une des Bibles de l'avenir, aura paru... Je viendrai, ensuite, et il se trouvera que ma révélation aura déjà été révélée... Ce tout... sera vulgaire et probablement base de

---

[1] Il a dit vingt à Mme de Girardin. Cf. plus haut p. **57** .

[2] *Journal de l'exil*, p. 44, d'après P. BERRET ; *la Philosophie de Victor Hugo*, op. cit., p. 56.

religion nouvelle, à l'époque où mes œuvres posthumes paraîtront. » *(Les Tables tournantes,* pp. 325-326.)

Il faut lire en particulier ce qu'il écrit des « Génies » et des « Ames » dans *William Shakespeare,* et des « Mages » dans les *Contemplations;* on devra le faire avec cette persuasion que ses révélations sur le rôle des mages, des génies, des voyants, doivent être prises au pied de la lettre, et qu'il s'attribue libéralement une place parmi ces âmes élues.

Quelle est la fonction de ces êtres d'élite? D'être prêtres, de mettre en communication avec la terre l'Etre mystérieux qui est l'âme du monde, « d'apporter le feu central à la planète [1] ». Leurs âmes, en communication plus directe avec le divin, sont les canaux par où il se répand dans le monde ; elles touchent d'un côté à la terre et de l'autre à l'abîme. Leurs tâches sont nombreuses ; elles connaissent, comme les mortels de condition inférieure, une sorte de division au travail. « Accroître ici la liberté, là la science, là l'idéal, communiquer aux inférieurs des patrons de la beauté supérieure... Ce sera tantôt le savant, tantôt le voyant, tantôt le calculateur, tantôt le thaumaturge... tantôt le philosophe, tantôt le prophète, tantôt le héros, tantôt le poète... Celui-ci qui sera Thalès, celui-ci qui sera Eschyle, celui-ci

---

[1] *William Shakespeare.* « Les âmes ».

qui sera Platon, celui-ci qui sera Ézéchiel, celui-ci qui sera Macchabée... Tous ces atomes, âmes en fonction sublime parmi les hommes, ont-ils vu d'autres univers et en apportent-ils l'essence sur la terre [1]. »

Ces âmes d'élite ont vécu en d'autres temps, et dans d'autres sphères. « Ces hautes âmes, momentanément propres à la terre, n'ont-elles pas vu autre chose? Est-ce pour cela qu'elles nous arrivent avec tant d'intuitions? *Quelques-unes semblent pleines du songe d'un monde antérieur? Est-ce de là que vient cet effarement qu'elles ont quelquefois? »* *(William Shakespeare, « Les Ames ».)*

> Pourquoi donc faites-vous des prêtres
> Quand vous en avez parmi vous?
>
> . . . .
>
> Génie ! ô tiare de l'ombre !
> Pontificat de l'infini !
>
> . . . .
>
> Comme ils regardent, ces messies !
> Oh ! comme ils songent, *effarés !*
> Oh ! que de têtes *stupéfaites !*
> Poètes, apôtres, prophètes...
>
> . . . .

---

[1] *William Shakespeare.* « Les âmes ». Voyez aussi *Quatre Vents*, « Livre lyrique ». L. VI :

> Oui, les poètes saints vont chercher la pensée
> Aux mêmes profondeurs que le volcan le feu...
> Et Dieu...
> Gronde dans Isaïe autant que dans l'Etna.

> Savent-ils leur propre problème?
> Ils sont. Savent-ils ce qu'ils sont?
> *Ils sortent du grand vestiaire*
> *Où, pour s'habiller de matière,*
> *Parfois l'ange même est venu.*
> Graves, tristes, joyeux, fantastiques,
> Ne sont-ils pas les sombres masques
> De quelque prodige inconnu?

(Les Contemplations. « Les Mages. » Janvier 1856.)

Dans le temps qu'il faisait de pareilles confidences, nous le trouvons si fortement établi dans la conscience de sa surhumanité, s'identifiant si parfaitement avec les prophètes sacrés dont il continue la lignée, qu'il s'étonne, et un peu s'effare, du nouveau personnage qu'il sent qui grandit en lui. Il nous avoue sa souffrance d'être l'élu du Seigneur :

> Est-ce que, par hasard, *grande haleine insensée*
> *Des prophètes, c'est toi qui troubles ma pensée?*
> ... L'Esprit fait ce qu'il veut. Je sens le souffle énorme
> Que sentit Elisée et qui le souleva.
> Et j'entends dans la nuit quelqu'un qui me dit: Va [1].

---

[1] *Toute la Lyre. Le moi,* x.

Notez que, tout naturellement, le nouveau personnage se crée un style nouveau : les formules sacrées se présentent à lui d'elles-mêmes. « L'Esprit souffle où il veut » est de Saint Jean (Épître 3, 8), et le dernier vers vient de l'*Apocalypse* (10,8) : « Et j'entendis la voix qui me parlait du haut du ciel et me dit : Va ! »

Et il va, missionnaire de Dieu. Nous le verrons bientôt à l'œuvre dans les *Contemplations*, « Dieu », « La Fin de Satan », les dernières pièces de la *Légende*, « Pitié Suprême », « l'Ane », « Religions et Religion », « Les Quatre Vents de l'Esprit », « William Shakespeare », où, sans souci des redites, des contradictions, des opportunités, *opportune, importune*, à l'exemple de saint Paul, il s'acquitte avec un zèle farouche de sa mission surnaturelle.

Les persécutions mêmes qu'il endure contribuent à lui donner une ressemblance de héros. Chassé de Bruxelles, chassé de Jersey, à peine toléré à Guernesey, il est comblé par une bonne fortune persévérante qui s'ingénie à collaborer à sa légende, et à lui créer un personnage d'une essence supérieure. Il éprouve une joie subtile d'être ainsi persécuté. Cela le grandit à ses propres yeux. Il tient à sa réputation de banni. Sa vanité en est comblée. Faut-il qu'il soit redoutable ! La foudre ne frappe que les sommets !

> Dieu ne frappe qu'en haut...
> Eschyle a son exil et Job a son fumier.

(Les Quatre Vents. « Dieu ne frappe qu'en haut, » mars 1855.)

Il revoit par la pensée tous ceux qui, avant lui et comme lui, furent punis d'avoir eu du génie.

Il résume en sa tragique destinée les gloires diverses des plus grands noms de l'histoire.

> ... J'ai sur tous mes travaux l'affront,
> Aux pieds, la foudre, au cœur des plaies,
> L'épine au front. *(Les Contemplations*, IV,24[1].)

« Laisse-toi exiler comme Voltaire à Ferney, comme d'Aubigné à Genève, comme Dante à Vérone, comme Juvenal à Syène, comme Tacite à Méthymne, comme Eschyle à Géla, comme Jean à Pathmos, comme Élie à Oreb, comme Thucydide en Thrace, comme Isaïe à Asiongaber » *(William Shakespeare* « Critique », IV).

A ce point de vue, il n'était pas indifférent au développement de sa psychologie pontificale que sa solitude fût un bannissement.

---

[1] Voir aussi « A Jules J. », des *Contemplations* (1854), livre V, pièce VIII.

CHAPITRE XII

« Vox in Deserto » [1].

« Moi aussi je suis là dans le désert » [2].

SOMMAIRE. — Les avantages de l'exil. — La solitude sacre le mage. — Elle favorise le prophète. — Les anathèmes aux villes. — Les souvenirs du « lion du désert » apparu dans les Tables.

Il n'était pas indifférent non plus, que son bannissement fût une solitude. La faculté de se recueillir, le loisir de se chercher et de se retrouver lui-même dans ses rêves et ses soliloques, toutes ces opportunités si nécessaires à l'inspiration, et que sa gloire grandissante menaçait de lui ravir, voici que le séjour des îles normandes va les lui dispenser de force, et généreusement. A la faveur de cette solitude dont rien ne vient le distraire, il semble

---

[1] Intitulé d'un chapitre de *Quatre-vingt-treize*. La formule est tirée de l'Évangile *(Matt.,* III, 3) et concerne saint Jean-Baptiste.

[2] « Moi aussi je suis là, dans le désert, à même la mer et ma douleur, buvant dans le creux de ma main ». *(Lettre à Ville-main,* 9 mai 1856.) La fin de la phrase est empruntée au livre des *Juges* (7) parlant des soldats de Gédéon.

... qui buvaient dans le creux de leur main.

que la poésie éclose spontanément dans son âme et que la nature tourmentée des îles, avec ses vastes horizons, ses cieux changeants, ses récifs recueillis et souffrants que les flots ont sculptés en d'étranges formes, lui verse à profusion ses rêves.

Mais il y a plus. C'est une idée très profondément ancrée dans son esprit, que tout élu de Dieu est d'abord un solitaire.

« *L'isolement développe* dans les âmes profondes une *sagesse* d'une espèce particulière qui va au-delà de l'homme. C'est cette sagesse étrange qui a créé l'antique magisme. Ce jeune homme (son fils Charles), dans le désert de Jersey et dans le crépuscule de Guernesey, est, *comme les autres solitaires pensifs qui l'entourent*, atteint par cette sagesse. Une intuition presque visionnaire donne à plusieurs de ses ouvrages, *comme à d'autres œuvres des hommes du même groupe*, une portée singulière ; ... ce qui préoccupe ce jeune esprit, c'est ce qui préoccupe aussi les vieux... » *(Mes fils.)*

« La solitude, écrit-il encore dans les *Travailleurs de la mer* (T. I, p. 97), dégage un certain degré d'égarement sublime. C'est la fumée du buisson ardent... Il en résulte Oreb, ... Jean à Pathmos, ... Ezéchiel sur le Kébar. »

Son personnage sacré retire de la solitude un double bénéfice. D'abord elle le laisse seul face à face avec Dieu, face à face aussi avec la grande nature par où Dieu se manifeste à lui et dont il est l'interprète : elle le sacre mage.

Et l'on finit par prendre une altière attitude
De tutoiement avec la sombre *solitude*.

(Toute la Lyre « L'Art », VIII.)

Ensuite, en le séparant des hommes, elle lui donne l'indépendance et, si j'ose dire, le recul nécessaire pour leur parler avec autorité : elle favorise le prophète.

« Le prophète cherche la solitude. Il va dans le *désert*, *penser* à qui? Aux *multitudes*... Puis *il pleure* (*William Shakespeare*, VI) ».

Isaïe, dit-il dans *William Shakespeare* (*Les Génies*, IV), « c'est une espèce de *bouche* du *désert* parlant aux multitudes. »

> *O prophètes*, esprits qui songiez au *désert!*
> (*Toute la Lyre.* « Le moi ».)

> Les *prophètes* pensifs sont *loin des multitudes.*
> (1855 *Toute la Lyre.* « La pensée », XVII.)

Dans la conscience de plus en plus nette des fonctions que lui impose son personnage sacré, Hugo s'applique à les remplir, à les vivre, avec exactitude. Il est le mage.

> La *solitude* vénérable
> Mène aujourd'hui l'homme sacré
> Plus avant dans l'impénétrable.
> . . . .

Semblable aux pasteurs de Chaldée livrés aux colloques des nuits étoilées, il s'absorbe dans une contemplation dont rien ne vient le distraire, cherchant à lire dans un firmament idéal les routes offertes à l'humanité et le secret de sa propre destinée.

> Dans le désert, l'esprit qui pense
> Subit par degrés sous les cieux
> La dilatation immense
> De l'infini mystérieux.
>
> *(1854. Contemplation. « Magnitudo parvi ».)*

« Je passe quelquefois des nuits entières à rêver sur mon sort en présence de l'abîme, écrit-il à Villemain le 17 novembre 1859, et j'en arrive à ne pouvoir plus que m'écrier : des astres ! des astres ! des astres ! »

Songes stellaires, redoutables tête-à-tête avec la nuit, qui ne laissent pas de lui verser leur ivresse surnaturelle et leur sainte terreur. Il est le mage effaré, en proie à l'égarement sacré.

> Crains l'inspiration farouche du désert ;
> *Le désert est un lieu d'effroi* dont Dieu se sert.
> . . . .
> O rêveur, ne va pas sur les cîmes, j'en viens ;
>   C'est terrible...
> Crains les hauts lieux hantés par les spectres, les jeux
> De l'abîme ne sont jamais plus orageux
>   Que sur les sommets formidables.
> . . . .
> Crains les ascensions vers le haut sommet noir.
>
> *(Toute la Lyre. « L'art », XXXI.)*

> A mesure qu'au loin s'éclipse
> La plaine effacée au regard
> Toute une sombre apocalypse
> Apparait à l'homme hagard.
>
> *(Toute la Lyre. « La Pensée », XXII.)*

Un peu de la gloire mystérieuse qui flottait autour de Pathmos nimbe son île déserte, d'où il apparaît au monde émerveillé comme dans un nuage sacré. Il s'entoure, sur son rocher, de foudres et d'éclairs. Quand il descend de cet Oreb, c'est pour apporter au monde quelque formidable révélation.

Il est le mage. Mais il est aussi la voix du désert. Voix redoutée. Voix redoutable. Un justicier naît en lui du visionnaire. Il s'apparaît à lui-même sous les traits d'Élie sortant de son désert pour anathématiser la cité coupable. Et pour la convertir. Chaque après-midi le ramène à l'extrémité du promontoire appelé « rocher des proscrits ». Sa grande silhouette se découpe sur le ciel, face à la mer. Il se tait et regarde. Là-bas, au fond de son rêve, par delà la plaine liquide, dans une gloire de ville païenne, Paris chante et rit. La nouvelle Babylone, la Tyr moderne, a trouvé en lui un second Isaïe : il va diriger contre elle tous les anathèmes que les prophètes sacrés suspendaient sur les cités perverses. Son rêve plonge tour à tour dans l'avenir et dans le passé. Tantôt, par un effort d'imagination, il devance les siècles ; il se transporte en un temps où seront déjà oubliés les villes qui remplissent le présent de leur bruit.

> Où donc est Thèbes? dit Babylone pensive,
> Thèbes demande : Où donc est Ninive? Et Ninive
> S'écrie : où donc est Tyr [1]?

---

[1] *Les Contemplations*, « Pleurs dans la nuit », 1854.

Il reprend pour son propre compte les descriptions isaïques que Chateaubriand, dans une page célèbre des *Martyrs* [1], avait déjà reproduites : « Comment la ville autrefois pleine de peuple est-elle assise dans la solitude?... »

> Quelle ville a jamais égalé cette ville ?
> Ses tours montaient dans l'air.
> Elle riait aux chants de ses prostituées...
> Ville, est-ce qu'un voleur, la nuit, t'a dérobée ?...
> Où donc est Babylone ? Hélas ! elle est tombée,
> Elle est tombée, hélas !
> On n'entend plus chez toi le bruit que fait la meule
> ... Ville où sont tes bouffons ?
> Nul passant désormais ne montera tes rampes
> Et l'on ne verra plus la lumière des lampes
> Luire sous tes plafonds.

(Les Contemplations. « Pleurs dans la Nuit. »)

> Que sont devenues
> Les tours de la nuit ?
> Où donc, o vallée,
> S'en est-elle allée,
> La ville du mal ?
> La ville ivre et fière
> Qui choquait son verre
> Contre l'infini,
> Qu'on entendait rire ?...
> Qu'ils cherchent les voix
> Et la fourmilière
> Des femmes dansant !

---

[1] *Livre XVII.* Pour les sources bibliques de ces descriptions, voir mon étude sur *La Bible dans V. Hugo,* pp. 259-271.

Qu'ils cherchent les rampes
Les jardins, les cours,
Le reflet des lampes
Aux rondeurs des tours !

(« Coup de clairon ». « Années funestes ».)

Tantôt sa vision est rétrospective : le voici qui restaure et réanime les ruines ; il cherche dans leurs cendres la trace de leur splendeur. Il évoque leur prospérité enfuie, la musique des cistres et des luths, le bruit des enclumes, des chars et des chevaux, les avenues frémissantes où marchands et courtisanes se pressaient dans un fourmillement de vie. Puis une invisible poussée des vagues ! et toute cette magnificence s'est écroulée comme une vision de rêve. Et c'est le dénouement même d'Ézéchiel (XXVII). « Voilà que Tyr et ses richesses et son peuple immense ont été précipités au fond de la mer. »

Donc, cette ville était toute bâtie en briques ;
On y voyait des tours, des bazars, des fabriques,
Des arcs, de palais pleins de luth mélodieux,
Et des monstres d'airain qu'on appelait des dieux,
Cette ville était gaie et barbare, ses places...
On y chantait des chœurs pleins d'oubli...
Jour et nuit, les clairons, les cistres, les hautbois,
Chantaient dans l'ombre. Ainsi vivait la ville énorme.
Les femmes y venaient pour s'y prostituer
Mais un jour l'Océan se mit à remuer [1]...

---

[1] *Légende des Siècles* « La ville disparue ». Cf. *Isaïe*, XXIII et XXIV, et *Ézéchiel*, XXVI-XXVII.

Nous voilà bien loin des tables? Non. Les visionnaires et les prophètes réincarnés en notre solitaire revivent en lui et parlent par sa bouche. Mais ce n'est pas seulement par ce lointain détour de la métempsychose que le mage et prophète moderne est tributaire des esprits de Jersey. Une association plus étroite, plus prochaine, rattache à leurs suggestions récentes son inspiration..

Parmi les voix entendues à Jersey, il en est une, venue justement du désert, à laquelle la propre voix du poète fait écho manifestement. Le Lion jersien d'Androclès est mage lui aussi et prophète. « Le lion est le poète des solitudes », dit-il de lui-même dans la séance du 6 janvier 1854. Songeur du désert, vivant comme un mage chaldéen dans la familiarité des étoiles et de la nuit, il sait les secrets de l'ombre. Les pseudonymes qu'il se donne, symboliques et clairs, entourent son grand front, sa noble crinière, d'un halo sacré.

> « — Qui est là?
> — *Frons ingens deserti.* » (9 mai 1854.)

> « — Qui est là?
> — *Le regard de l'ombre.* » (30 mai 1854.)

> « — Qui est là?
> — *Vox deserti.* » (25 avril 1854.)

Cf. aussi *Les Contemplations*, « Les malheureux » (1855) : le même thème y est magnifiquement développé.

Voix du désert, vivante protestation de la libre nature contre la servitude des villes, de la bonté naturelle contre les méchancetés humaines, ce réfractaire aux civilisations mauvaises incarne l'éternel Isaïe, le prophète aux anathèmes vengeurs. Les sixains superbes qu'il rugit par la table ne dépareraient point les plus belles *Contemplations* [1].

> Le *désert* était sombre, aride, infranchissable,
> Le mont y succédait à la plaine de sable
> > *A l'heure où le jour naît,*
> Seul dans ces vastes lieux où Dieu parle et se montre
> Comme un roi vers un roi, j'allais à la rencontre
> > *Du soleil qui venait.*

---

[1] Comparez d'ailleurs ces beaux vers avec ceux de Hugo :

> Rome horrible chantait...
> Ce fut alors que toi, né dans le *désert* fauve,
> *Où le soleil est seul avec Dieu*, toi, *songeur*,
> De l'antre que le soir emplit de sa rougeur,
> Tu vins dans la cité toute pleine de crimes ;
> Tu frissonnas devant tant d'ombre et tant d'abîmes. Etc.

(Légende des Siècles « Au lion d'Androclès », 28 fév. 1854.)

> . . . .
> Captifs, ils rugissaient vers la grande nature
> Qui prend soin de la brute au fond des antres sourds !
> . . . .
> Ils se plaignaient de l'homme et, pleins de sombre haine,
> A travers leur plafond de barreaux et de chaînes,
> Regardaient du couchant la sanglante rougeur.
> . . . .

(Légende des Siècles « Les lions », octobre 1857.) (Le manuscrit porte, à la suite de la date : « Fini le 31 octobre, anniversaire de mon départ de Jersey.)

Nous montions tous les deux dans nos fiertés superbes,
Le coteau lui dorant et moi foulant les herbes.
    Nous nous reconnaissions.
J'étais fier de l'avoir pour hôte dans mon antre,
Il était fier de voir se mêler sur mon ventre
    Mes crins à ses rayons.

Ainsi, je vivais *seul, rêvant* sous ma crinière,
Conduisant le soleil du ciel à ma tanière,
    Majestueux, *clément,*
Redouté sans colère et fort sans violence,
Et disant au *désert :* juge **si** ton *silence*
    Vaut mon *rugissement.*

J'ouvrais dans les clartés ma paupière éblouie,
J'écoutais par moments le prophète Isaïe
    Chanter le Dieu qu'il sert,
Car nous appartenions à la même phalange,
Et nous nous répondions : moi le lion, lui l'ange,
    Des deux bouts du désert.

La bonté douce était l'haleine de ma bouche
J'eusse ordonné le calme à l'ouragan farouche,
    Dompteur des flots mouvants.
J'aurais, en y mettant ma volonté de marbre
Sous chacun de mes pieds plus forts que des troncs d'ar-
    Pris un des quatre vents.   [bres,

Le désert était vaste, infranchissable et sombre,
J'y régnais lumineux...
    J'y levais mon front haut.

. . . .

(Séance du 24 mars 1854.)

Pendant que je vivais sous les célestes voiles
Regardant chaque soir resplendir *les étoiles*
    Comme si tous les yeux
Des vivants endormis dans l'ombre et le mystère
Dans le même moment se fermaient sous la terre
    Et s'ouvraient dans les cieux ;

. . . .

Pendant que j'écoutais dans mon austère étude
Le grand enseignement de l'âpre *solitude ;*

. . . .

Dans une cité sombre et qu'on appelait Rome...

Etc. ... (*Suit la description de ville mentionnée précédemment,* p. 66.

(Séance du 30 mars 1854.)

Il y a d'ailleurs çà et là, dans l'œuvre exilienne, tel mot, telle image, inaperçus du lecteur profane, qui révèlent soudain quelles obscures associations unissent le souvenir du lion du désert aux évocations prophétiques.

Quand *il rôde* au milieu des villes, Isaïe
Sent par les noirs vivants sa grande âme haïe.
(1856 Toute la Lyre. « L'art », XXVII) [1].

---

[1] Voyez aussi, dans *Le Satyre* (1859) de la *Légende,* l'expression *charnier-palais* empruntée au lion des tables, et jaillie sous la pression du milieu prophétique.

Là-bas, dans une ville effrayante, inondée
De lumière et de sang, ...
    Palais-charnier-harem. (*Les Tables,* p. 255.)
L'affreux *charnier-palais* en ruine, habité
Par la mort et bâti par la fatalité.
(Légende des siècles, « Le Satyre ».)

Mais c'est déjà parler de l'influence des tables sur l'œuvre du poète. Et nous n'en avons pas fini encore avec leur influence sur l'homme.

Les tables, violemment, l'ont arraché à lui-même. Elles l'ont poussé hors de son âme, vers le mystère des choses, vers la grande nature, vers Dieu... Soudain élargissement de perspective, subites déchirures d'horizon, par où d'immenses clartés font irruption tout à coup dans sa destinée et ajoutent à son front l'auréole, et le tourment du visionnaire, du prophète, et, nous allons le voir, d'un nouveau Messie.

CHAPITRE XIII

« Ego Hugo ! »

SOMMAIRE. — Portraits extatiques. — Le sceau du poète. — Ses traits ont changé. — Son écriture aussi. — L'orgueil incommensurable. — Railleries exaltantes.

« Devant tous ces prodigieux spectacles, écrit Hugo le 10 avril 1856 à Franz Stevens, et toute cette énorme pensée vivante où je m'abîme, je finis par ne plus être qu'une espèce de témoin de Dieu. »

Incarnation des plus grandes âmes du passé, prophète et apôtre, voix de Dieu parlant dans la solitude, il se dresse à lui-même un autel encore plus haut, plus hautain, plus isolé. Séparé de la multitude par les hasards de sa destinée et par le choix de Dieu, ce solitaire ne se satisfait plus d'être seul. Il est le seul, l'unique. Le vice-Dieu. Missionnaire de Dieu? Plus encore : Messie.

Aussi, il pontifie, il pontifie. Tantôt, par son silence, il étonne le monde. Il songe en une attitude morne, près de la grande cheminée de chêne de Hauteville-House, soutenant, de sa droite, son front lourd de révélations inconfiées. Tantôt, il a des entretiens formidables avec Dieu, qu'il consent à tutoyer. « Au temps de *Dieu*, de la *Fin de Satan*, de la *Bouche d'Ombre*, il se fit, à plusieurs reprises, photographier par son fils Charles et par Auguste Vacquerie, dans des attitudes extatiques ; et il signait lui-même ainsi ces singuliers portraits : *Victor Hugo causant avec Dieu. Victor Hugo écoutant Dieu* [1]. *Victor Hugo regardant Dieu* [2].

Il en est à ce point de son évolution psychologique lorsqu'il écrit *les Mages* des « Contemplations » et qu'il commande au graveur-horloger Goupil de Jersey un sceau à son usage, avec cette devise hautaine : *Ego Hugo!*

Quelle transformation du bourgeois louis-philippard de la place Royale ! On ne vit pas impunément deux années entières dans la familiarité des esprits. Il s'est éveillé tout autre des nuits de Jersey. Tout autre, même physiquement. Avant 1853, c'est le poète de chambre vulgarisé par le crayon de Dévéria : un buste dans un médaillon, un fin visage dont tout l'intérêt réside dans le regard caressant et clair. Après 1853, c'est le poète de plein air, immortalisé par la pointe

---

[1] P. BERRET : *La Philosophie de V. Hugo*, op. cit., p. 53.

[2] N. MARTIN-DUPONT : *V. Hugo anecdotique*, op. cit., p. 190. Voyez aussi le dessin de Charles Hugo représentant son père dans cette attitude familière, dessin reproduit par Arsène Alexandre dans *La Maison de Victor Hugo*, p. 148.

sèche de Rodin [1]. Oh ! ce masque douloureux, tourmenté, hagard ! Cet œil tourné vers l'abîme, comme en arrêt devant le mystère, empli par une vision de cauchemar ! Le Victor Hugo d'après 1853, c'est surtout cette photographie en pied que l'on montrait à Jersey. « A la pointe du Rocher des Proscrits, Victor Hugo debout, immobile, calme, pensif, sa silhouette venant en force dans le ciel clair, le front dans la lumière ; au bas, l'Océan ...[2] »

> Comme ils regardent, ces messies !
> Oh ! comme ils songent, effarés !
> Dans les ténèbres épaissies
> Quels spectateurs démesurés !...
> Les plis des robes pleins d'étoiles,
> Les barbes au gouffre du vent !
>
> *(Les Mages, Janvier 1856.)*

Jusqu'à son écriture qui se modifie après 1853. Les graphologues trouveraient certainement dans ses manuscrits une abondante matière d'observations curieuses.

---

[1] Cette pointe sèche de Rodin figure dans les *Souvenirs d'Alexandre*, p. 122.

[2] N. MARTIN-DUPONT : *Victor Hugo anecdotique*. Paris, Storck 1904, p. 72. Il faut savoir que « tout près de Marine-Terrace, dont il n'est séparé que par un chemin creux, ... le Rocher des Proscrits était une des promenades favorites de V. Hugo. Le poète grimpait sur le dos du monstre et là, pendant de longues heures, il conversait avec l'Océan. » *(Ibid. p. 70.)*

Il va sans dire que les tables de Jersey ne sont pas seules responsables des avatars de notre moitrinaire. Elles trouvaient des intelligences dans son immense vanité, terrain merveilleusement préparé pour la culture de la mégalomanie. Le premier et le plus fervent de ses adorateurs, c'est lui. Il tombe en admiration effarée devant soi. Cette devise : *Ego Hugo*, où se traduit un orgueil incommensurable, trahit surtout, et par son outrance même, une telle candeur, qu'elle montre clairement, chez ce plus grand des prophètes, la foi sincère, ingénue, en son être d'exception.

Le moindre inconvénient de ces manifestations hugoïstes, c'est que le moderne Messie était le seul à les prendre au sérieux. Elles faisaient sourire les témoins bienveillants, et émouvaient à l'excès la joie maligne des autres. « Autour de lui, parmi ses familiers, on ne se gênait pas pour le railler. Kesler le traitait brutalement de crétin [1]. » On se doute bien que ses ennemis abusaient davantage encore de leur droit de rire. Ils toisaient l'oracle avec un manque visible de considération. A l'encens empoisonné qu'ils faisaient fumer à ses pieds se mêlait un concert d'irrévérences où l'on distinguait des mots terribles : « Jocrisse à Pathmos ! » Veuillot, que l'on accuse ordinairement de ce blasphème, en renvoie la paternité à Pontmartin qui aurait même ajouté : « C'est Bobêche

---

[1] MARTIN-DUPONT. *op. cit.*, p. 186.

au Sinaï [1] ! » Et Leconte de Lisle renchérissait (l'ingrat !) : « Bête comme l'Himalaya ! »

Railleries qui, d'ailleurs, loin de provoquer, chez le pontife moderne, d'humbles retours sur lui-même, ne faisaient qu'exalter davantage la confiance en son génie et la conscience de sa mission. « *Zoïle* (est) *aussi éternel qu'Homère* [2] », se disait-il. Et il se cite à lui-même tous les glorieux devanciers : Jérémie, Ézéchiel, Job, Jésus-Christ... qui, comme lui, furent incompris et raillés par le petit bon sens bourgeois. « La bourgeoisie des habitudes, le « bon goût » et le « bon sens », tout est dérangé, avouons-le, par ces monstres du sublime [3]. » *Ego Hugo !*

Bref, en 1856, après deux années de pratique spirite, le moi « hypertrophié » de notre poète s'est comme dédoublé. La même personnalité, démesurément élargie, abrite en lui deux personnages : l'homme et le Messie, le premier effacé dans la gloire grandissante du second. Le lyrisme intime et personnel d'avant l'exil ressortissait à l'homme. L'œuvre de 1853 à la mort est du Messie.

---

[1] *Etudes sur Victor Hugo*, par Louis VEUILLOT ; Paris, Victor Palmé, 1886.

[2] Tel est le titre qu'il donne à un chapitre de *William Shakespeare*.

[3] *William Shakespeare*. Zoïle aussi éternel qu'Homère ».

CHAPITRE XIV

« Homo duplex » ou Le vivant et le fantôme.

SOMMAIRE. — Le « fantôme » humain. — Le « fantôme » de
V. Hugo lui parle pendant le rêve. — Témoignages sacrés :
Job, Endor, le songe de Jacob. — Le « songe » dans l'œuvre
poétique de V. Hugo. — Le « demi-songe ».

Hugo croyait aux songes. Au temps des séances
de Jersey, il en était arrivé à admettre qu'un
fantôme collaborait en lui avec le vivant et lui
parlait en rêves pendant le sommeil. « *Homo
duplex* est vrai à tous les points de vue », observe
Hugo au cours de la séance de tables tournantes
du 23 septembre 1854. Quelques jours auparavant,
certaines paroles de la table l'avaient ancré dans
cette croyance.

« V. HUGO. — Qui est là ?

LA TABLE. — La Mort.

V. HUGO. — Dans les grandes choses que tu nous as
dites hier, plusieurs points laissent notre esprit en suspens.
La première partie semble une admirable démonstration
du double rayon humain et surhumain qui pénètre et
remplit l'œuvre des poètes et des penseurs. Le fantôme
complétant par les révélations de la nuit ce que l'homme
a fait dans le jour et pour le jour, c'est là une immense

clarté jetée sur l'âme ; c'est là une explication nouvelle et surprenante du côté fantastique de toutes les grandes œuvres et de toutes les grandes imaginations..., je pourrais moi-même, quoique situé en bas, voir dans ton explication la propre clef de mon œuvre, de l'œuvre double que j'ai faite toute ma vie et que je continue. » *(Séance du 20 septembre* 1854.)

Déjà le 15 février précédent, et en présence de Victor Hugo qui recueille avidement de telles paroles, l'Ombre du sépulcre avait donné une interprétation onirique de l'inspiration hugolienne.

« Auguste VACQUERIE. — ... Commande-lui (à Victor Hugo) de te faire des vers. Si tu ordonnes, il obéira, et nous aurons notre part de ta satisfaction.

L'OMBRE DU SÉPULCRE :

« Il dort. Je vais aller coucher dans son esprit,
Je vais prendre, tandis que sa paupière tombe,
La plume avec laquelle il a, ce soir, écrit.
Et je la tremperai dans l'encre de la tombe. »

« De sorte que demain. à l'heure du réveil
Il verra, sur la fleur de son esprit posée,
Une strophe par nous inspirée au sommeil,
A la fois goutte d'encre et goutte de rosée. »

VACQUERIE. — Qui appelles-tu nous?

L'OMBRE DU SÉPULCRE. — Les morts. »

Quelque temps après, le 29 avril 1855, ce sera Platon qui viendra appuyer de son autorité tous ces graves témoignages.

« PLATON. — Je viens vous parler du rêve. Quand le vivant s'endort, il s'établit immédiatement une communication entre son lit et sa tombe. Tout corps couché prend la ligne de l'horizon de l'âme. L'endormi devient le réveillé de l'ombre ; il n'est pas immobile, il vole dans l'immensité; il n'est pas aveugle, il voit dans l'infini... » *(Séance du 29 avril 1855.)*

Enfin, depuis toujours, Hugo avait pu lire dans *Job* tels versets dont le souvenir lui remonte maintenant à la mémoire, et qui ajoutent, s'il en était besoin, une confirmation sacrée à la parole des esprits de Jersey.

« Durant le sommeil, dans les visions de nuit, quand l'engourdissement s'empare des hommes et qu'ils dorment sur leur lit,
> *Alors il ouvre leurs oreilles et il grave en eux ses leçons,*
> *Pour les détourner du crime et les éloigner de l'orgueil...*
> *Il parle à l'homme sur son lit de douleur...*
> *Écoute donc, ô Job, ... Dieu parle une fois à l'homme*
et il ne répète pas ce qu'il a dit. » (Job, XXXIII, discours d'Éliu).

Lisez maintenant, je vous prie, en la rapprochant des versets qui précèdent, cette curieuse petite pièce de *Toute la lyre* (« L'art », pièce VIII), dont l'original biblique n'avait pas encore été signalé, et intéressante à ce titre, mais plus intéressante encore par tout ce que le poète nous y révèle de sa foi onirique.

> Aux heures où le ciel est noir, où l'astre est clair,
> Lorsque les visions de nuit flottent dans l'air,

Comme ces tourbillons qui vont le long des grèves,
Quand les hommes sont lourds dans leur lit plein de rêves,
Dieu leur ouvre l'oreille et leur parle tout bas.
Il leur dit ce qu'il faut qu'ils sachent, de quel pas
Le juste doit marcher dans l'ombre de la vie,
Grand, éviter l'orgueil, et petit, fuir l'envie.
Oh ! tressaillez, vous tous qu'avertit cette voix !
C'est la voix que, jadis, tremblants, vous entendîtes,
O prophètes, esprits qui songiez au désert !

Pour appuyer sa croyance aux tables, notre poète invoquait toutes sortes de précédents historiques, et de préférence sacrés, tels que les prodiges d'Endor [1]. De même, il recourt volontiers à la Bible pour garantir la créance qu'il accorde aux songes.

Le patriarche ému d'un redoutable effroi,
Et les saints qui peuplaient la Thébaïde austère
Ont fait des songes comme moi.

. . . .

Dans sa solitude auguste, le prophète,
(Voyait).....
Par la même fêlure aux réalités faites
S'ouvrir le monde obscur des pâles visions.

(*Les Contemplations.* « Saturne ».)

Jean dormait. Ces regards étaient fermés qui virent
Les océans du *songe* où les astres chavirent.

(*Légende des Siècles* « Le cèdre ». 1858.)

---

[1] Voir p. 130.

Jamais, en particulier, ne furent plus nombreuses chez lui qu'après 1853, les mentions du fameux songe de Jacob et les allusions à l'échelle que vit le patriarche pendant son sommeil [1]. Il lui arrive même, par une confusion assez divertissante des divers plans de l'histoire et des différents récits de la Bible, d'associer le nom de Jacob à celui d'Endor. « Mon esprit, dit-il,

> Fait comme Orphée à Delphe et *Jacob dans Endor*
> Une géométrie avec les astres d'or.
>
> (« Les Quatre Vents de l'Esprit ». « Le livre lyrique ». « Lettres ».)

Étonnons-nous après cela que Victor Hugo ait pour ainsi dire élevé le songe ou le cauchemar à la dignité d'un genre littéraire. On compte beaucoup de « songes » chez lui à partir de 1854.

> Une nuit, un esprit me parla dans un rêve.
>
> (*Contemplations.* « Aujourd'hui », XVIII.)
>
> Une nuit je rêvais. Et je vis dans mon rêve.
>
> (*Toute la Lyre.* « La pensée », XXVII.)
>
> *Chant des songes.* (*Ibid.* « La fantaisie » XXIII.)
>
> *Cauchemar posthume.* (« La dernière gerbe. »)
>
> *Raconté en rêve.* (*Ibid.*)

Parfois le poète se trouve un état d'esprit incertain qui participe de la veille et du sommeil. Son

---

[1] Sur ce symbole de l'échelle de Jacob, voir mon étude sur *La Bible dans V. Hugo*, 1re partie, pp. 70-112, et 2e partie, p. 39.

esprit est suspendu, dans une demi-inconscience, entre le délire poétique, l'hallucination vague, et le rêve éveillé. N'ayant pas perdu tout contrôle sur ses perceptions, il se demande anxieux si l'image qui le hante lui vient d'un monde réel ou imaginaire, quel est ce fantôme aperçu, et si ce ne serait pas même son propre fantôme à lui.

> — Passant, qu'es-tu? Je te connais.
> Mais, étant spectre, ombre et nuage,
> Tu n'as plus de sexe ni d'âge.
> — Je suis ta mère et je venais !
>
> — Et toi dont l'aile hésite et brille,
> Dont l'œil est noyé de douceur.
> Qu'es-tu, passant? — Je suis ta sœur
> — Et toi, qu'es-tu? — Je suis ta fille.
>
> — Et toi, qu'es-tu, passant? — Je suis
> Celle à qui tu disais : Je t'aime !
> — Et toi? — Je suis ton âme même !
> Oh ! cachez-moi, profondes nuits !

Le profane ne voit guère dans ces rêves qu'un exercice littéraire, seulement plus bizarre, comparable au songe d'*Athalie*. En réalité ces morceaux furent écrits le plus gravement du monde, le poète étant persuadé qu'il entrait alors en communication avec son « double », et se félicitant même volontiers de cette collaboration flatteuse.

---

[1] *Les Contemplations.* Aujourd'hui, XII. « Aux anges qui nous voient ». Juin 1855.

CHAPITRE XV

« Deus fio. »

SOMMAIRE. — La mort libératrice. — L'esprit de la Mort
conseille à Hugo de préparer une œuvre posthume.

La mission du poète ne devait point s'achever
avec la vie. C'est au delà du tombeau qu'elle
commencera vraiment. Son fantôme, son double,
se dressera, apportant à l'univers une parole posthume d'autant plus vénérée, d'autant mieux
écoutée, qu'elle sera consacrée par la mort.

« La mort est une force, lisons-nous dans *William
Shakespeare* [1]. Pour qui n'a eu d'autre action que celle de
l'esprit, la tombe est l'élimination de l'obstacle. Etre
mort, c'est être tout-puissant.

---

[1] Rappelons que *William Shakespeare*, cet ouvrage de 400 p.
où il n'est guère question de William Shakespeare que sur la
couverture, est un livre capital pour nous initier à la psychologie spirite de Victor Hugo, et pour l'intelligence de toute
l'œuvre exilienne. Mais il doit être lu avec cette persuasion
constante que les théories de Hugo sur les *âmes*, les *génies*,
les *mages*, s'appliquent d'abord à lui-même.

William Shakespeare pourrait s'intituler : *Les mémoires d'un
réincarné*, ou encore : *Les confidences d'une âme élue.*

Cette autobiographie est la véritable suite de *Victor Hugo
raconté*, et une version spirite du *Post-Scriptum de ma vie.*

Elle date vraisemblablement de 1856.

... Çu'un pauvre misérable comme Homère laisse tomber dans l'obscurité une parole, et meure, cette parole s'allume dans cette ombre et devient une étoile...

... « Il vient une heure où le genre humain est tenu de compter avec cet historien de Shakespeare et ce mendiant d'Isaïe. Ils sont d'autant plus présents qu'on ne les voit plus. Une fois morts, ces êtres-là vivent.

Ayant été, ils sont. Ils font plus de besogne aujourd'hui parmi nous que lorsqu'ils étaient vivants. Les autres trépassés se reposent, les morts de génie travaillent.

Ils travaillent à quoi? A nos esprits. Ils font de la civilisation...

Le penseur peut dire en expirant : *Deus fio*. Tant qu'il est homme, sa chair s'interpose entre les autres hommes et lui. La chair est nuage sur le génie... Plus de chair, plus de matière, plus d'ombre. L'inconnu qu'il avait en lui se manifeste et rayonne. Pour qu'un esprit donne toute sa clarté, il lui faut la mort. L'éblouissement du genre humain commence quand ce qui était un génie devient une âme. Un livre où il y a du fantôme est irrésistible. » (HUGO, *William Shakespeare*. « Après la mort ».)

Ne manquons pas de faire à l'œuvre posthume du poète l'application de ces paroles significatives. Ne manquons pas surtout de les rapprocher des révélations faites à Jersey en 1854 par l'esprit de la Mort.

« LA MORT. — Cependant, fais vivant ton œuvre de fantôme ; fais-la complète, compose-la de tous les philtres du mystère ; remplis-la d'horreur, d'éclairs, de foudres, d'écume ; jettes-y des crapauds, des serpents, des araignées, des chauves-souris, des chenilles, des scorpions, des scolopendres[1], les êtres immondes, les êtres rampants, les êtres maudits, pensifs, pâles, hérissés ; regarde les bouillonnement de l'ombre dans la chaudière au couvercle étoilé... Que la terre endormie, ouvrant à demi ses yeux lourds, aperçoive à l'horizon ton toit couvert d'un nuage d'astres et dise : Que fait-il?... Et que le vent réponde à la terre : c'est l'une des forges de la nuit ; c'est là qu'on travaille aux soleils... C'est là qu'on change à coups de marteau les astres de torture en astres de bonheur ; les globes-tenailles en globes-clefs et qu'on fait les serrures du firmament. » *(Séance du 23 septembre 1854.)*

Les tables reviennent à maintes reprises, pendant l'été de 1854, sur les ordres mal compris de l'hiver précédent. Ils exhortent le poète à parler, à écrire. Ils lui recommandent seulement de veiller à ce que les œuvres inspirées de leurs pensées ne parussent qu'après sa mort et échelonnées sur un long espace de temps. Venant d'outre-tombe et coupées de longs silences, ses révélations auront ainsi un prolongement et un retentissement accrus. Mais rien ne vaut de citer les paroles mêmes des esprits. D'autant que leur valeur littéraire n'est point négligeable, et qu'elles peuvent sans désavantage soutenir la comparaison avec les pages les plus éloquentes du *William Shakespeare* hugolien. C'est la Mort qui parle :

---

[1] Ces scolopendres (!) figureront, avec les araignées et les crapauds, dans le palmarès de la *Bouche d'Ombre*. Voir plus haut, p. 80, fin.

· « Toi, que le tien (ton tombeau) soit vivant : qu'à de certains intervalles il se mette à parler à la postérité, et à lui dire des choses inconnues, et qui auront eu le temps de mûrir dans la terre ! l'impossible d'aujourd'hui est le nécessaire de demain. Echelonne dans ton testament tes œuvres posthumes de dix en dix ans, de cinq en cinq ans. Vois-tu d'ici la grandeur d'un tombeau qui, de temps en temps, à des heures de crise humaine, quand il passe de l'ombre sur le progrès, quand il passe des nuages sur l'idée, ouvre tout-à-coup ses deux lèvres de pierre et parle... Toi mort, tu aides les vivants ; toi muet, tu les enseignes ; toi invisible, tu les vois ; ton œuvre ne dit pas : peut-être ; elle dit : certainement. Elle ne cherche pas les faux-fuyants ; elle va droit au but. Sache qu'un spectre ne connaît pas les précautions oratoires, les fantômes sont hardis, les ombres ne clignent pas les yeux devant les lumières ; donc, fais pour le XXe siècle une œuvre affirmative plutôt qu'une œuvre dubitative pour le XIXe siècle. Enferme-la avec toi dans ton sépulcre pour qu'à des époques fixées par toi on vienne l'y chercher. Jésus-Christ n'a ressuscité qu'une fois ; toi, tu peux emplir ta tombe de résurrection ; tu peux, si mon conseil te semble bon, avoir une mort inouïe ; tu dirais en mourant : vous me réveillerez en dix neuf cent vingt, vous me réveillerez en dix neuf cent quarante, vous me réveillerez en dix neuf cent soixante, vous me réveillerez en dix-neuf cent quatre vingt, vous me réveillerez en l'an deux mille. Tu t'endormirais dans l'anxiété universelle ; ta mort serait un formidable rendez-vous donné à la lumière et une formidable menace jetée à la nuit. Loyola dirait : il faut prendre garde à ce sépulcre, et les générations regarderaient avec admiration ce prodigieux tombeau marcher pendant un siècle dans la vie humaine. »
(Séance du 29 septembre 1854.)

Hugo se plia docilement à l'ordre des esprits. Son œuvre posthume est née de leurs conseils. En renvoyant après sa mort la divulgation de son secret, il réglait pour la postérité les réveils de son fantôme. Mais il ne semble pas que ces résurrections périodiques produisent les effets fulgurants qu'il s'en promettait. « Le penseur peut dire en expirant : « Deus fio ». Les funérailles du « vivant » furent une apothéose. Mais la mort n'a rien ajouté à son auréole. Les absents ont tort. Et les dieux ont leur crépuscule.

Section II :

LE POÈTE

—

CHAPITRE XVI

A partir de 1853.

Sommaire. — Caractères généraux de l'œuvre exilienne. — Le décor surnaturel. — Apparitions et voix. — La forme surnaturelle. — Endor. — Le flou des contours. — Le mot *abîme*. — Le vocabulaire hugolien après 1853. — Le biblisme. — L'œuvre posthume. — L'influence prépondérante des tables.

Pour déchiffrer le cryptogramme de la vie et de l'œuvre hugoliennes, l'une et l'autre si remplies d'obscurités depuis 1853, c'est toujours aux esprits de Jersey qu'il nous faut recourir.

La production exilienne de Victor Hugo tranche étrangement sur son œuvre antérieure. D'abord, elle fut la plus abondante de sa carrière poétique. Après un long silence de treize années, voilà que le poète se réveille, et c'est par milliers qu'à partir de 1853 et jusqu'en 1860, se chiffre chaque année le compte de ses vers. Ensuite ses vers ont un accent imprévu, aussi mal accordé que possible avec le timbre passé de ses « voix intérieures », et ce qui est plus surprenant pour un « écho », avec les voix du dehors. Autour de lui, c'est la grande kermesse de l'Empire. Le bal de l'Opéra déborde dans la rue. Les dieux ont tort : Satan lui-même se travestit et devient Méphisto. Vive la vie, même mortelle, surtout mortelle ! Vive la vie ! C'est le moment que Hugo choisit pour chanter la mort, l'immortalité, l'éternité.

Il faut bien se rendre compte que les ressentiments politiques ne sont pour rien, ou presque rien, dans cette fécondité soudaine et dans ces changements inattendus : la révolution qui s'accomplit dans la pensée et dans l'œuvre du maître date, non pas du 2 décembre 1852, mais de la seconde quinzaine de septembre 1853. Que s'est-il donc passé dans ce mois critique? On s'en doute.

La première colère de l'exil est tombée. L'apaisement s'est fait dans l'âme du banni. Paris, le Deux Décembre, s'éloignent de plus en plus. Le poète se réfugie dans les hauteurs, loin des terrestres horizons. Un vent du large, un souffle immense d'abîme, s'est déchaîné sur son œuvre, fatal aux fleurs de serre et de salon, au petit lyrisme rangé, replié, tranquille. Les feuilles d'automne, les joliesses fanées, les élégances fragiles jonchent le sol, ou se dispersent sous la rafale. Sur ces ruines lève une flore neuve, étrange, faite des formes de la lumière ou de la nuit, réalisations plastiques de l'extase ou du cauchemar.

En haut les profondeurs bienheureuses, un ciel messianique, d'éblouissants archanges, et des chants qui sont une incantation. En bas, c'est l'ombre prodigieuse, l'épouvante sensible aux yeux, pleine de regards aveugles qui épient, et d'un silence menaçant qui aboie. Des sanglots, des voix, déchirent ce silence. Parmi les ténèbres brusquement écartées surgissent des faces d'effroi. Car une faune appropriée erre et — chose horrible à dire ! — parle dans cette nuit.

Partout des apparitions : silhouettes de lumière qui traversent l'ombre où elles se replongent après s'en être détachées ; figures d'anges, de monstres, de choses. Leur revue rapproche dans un joyeux pêle-mêle les êtres les plus disparates : une Bouche d'ombre, un Chardon, un Lys, un Lion, un Aigle, un Griffon, un Hibou, un Ane, l'Esprit humain, et beaucoup d'autres esprits qui, sous divers déguisements, vaticinent dans *Dieu, Religions et Religion* et *la Fin de Satan.*

Ils parlent, vaticinent, reprennent sous mille formes *Ce que dit la Bouche d'Ombre.*

> Un spectre m'attendait dans un grand angle d'ombre
> Et m'a dit ...... *(Les Contemplations,* 1854.)

> ..... La voix reprit : Fantôme,
> Je suis Melchisédech... *(La Fin de Satan,* 1856.)

..... Et l'être enfoui dans la pierre
Dit : Je suis âme... *(Ibid)*.

« Et j'entendis l'oiseau disparu, mais terrible,
Qui criait. *(Dieu. Le hibou. 1855.)*

Et j'entendis des voix au milieu des nuées.
(Religions et Religion. « Des voix », 1858.)

Il y a comme cela des centaines de vers dans l'œuvre exilienne. Les séances spirites de Jersey, en attirant l'attention de Hugo sur les esprits cachés dans les choses et les bêtes, et sur les révélations que l'on en peut recevoir, ne furent certainement pas étrangères à cette hantise du mystère et à ce déchaînement de voix et d'apparitions qui, précisément à partir de 1853, caractérisent son œuvre poétique [1].

D'autant plus que ces bêtes étranges, dragons et griffons, hydres et gypaètes, cerfs et chauves-

---

[1] « Hugo spirite hyperbolique, a conversé avec toutes les voix momentanément « désincarnées », si j'ose ainsi dire, de toutes les âmes de l'univers, depuis l'âme du minéral en formation jusqu'à l'âme de l'archange et jusqu'à celle de Dieu. Et quand il fait entendre ces voix, ce n'est pas... simple artifice littéraire. Toutes ces voix des grands chênes pensifs, de crapaud secourable, de l'âne qui voit Dieu, du couperet de la guillotine qui se repent, du lion d'Androclès, de l'Océan (de la Bouche d'Ombre) et de Dieu, elles ont parlé dans la table du poète et lui ont communiqué d'abord la convulsion du trépied et l'horreur sacrée devant l'occulte, puis la trépidation apocalyptique s'est muée chez lui en audace et en sublimité d'inspiration... » (P. Berret, *La philos. de V. Hugo*, p. 60.)

souris ; ces bêtes monstrueuses, Béhémoth et Léviathan ; ces figures de chimère, bizarres et effrayantes, comme *La Mort* et *La Honte*, qui hantent les rêves du poète, toutes ces apparitions qui parlent ou — ô terreur — qui se taisent dans l'œuvre exilienne de Hugo, sont contemporaines des esprits de Jersey. Plusieurs même se confondent nettement avec les nocturnes visiteurs de Marine-Terrace.

Visiblement nous assistons aux curieux efforts tentés par les souvenirs des tables, et dans toutes les directions, pour monter à la lumière, s'affirmer, se rejoindre. Sous la moindre excitation, ils accourent ; tous les chemins du rêve les ramènent dans le champ de sa vision.

> Je vais dans la fureur du gouffre, dans l'écume,
> Pâle, écoutant les mots
> Que disent, pleins d'horreur, *la sibylle dans Cume*
> Et l'apôtre à Pathmos.
>
> *(Toute la Lyre* « Le moi », XX.)

Dans les pièces mêmes qui, par leur sujet, semblent le mieux défendues contre l'influence des tables, la plus fortuite association d'idées, le passage d'un souffle, un rien, et ne serait-ce que l'agitation mentale que le poète se donne pour soutenir son personnage sacré, fait surgir tout à coup du fond de sa mémoire le souvenir récent des nuits de Jersey. C'est ainsi que la rime *or* suffit à déclancher presque automatiquement la rime jumelle : *Endor*. Les mentions d'Endor pullulent dans l'œuvre exilienne.

> Ayez pour vous l'oracle et Delphe avec *Endor*.....
> Quelqu'un, celui qui parle aux sybilles d'*Endor*.....
> Ils inspirent Dodone, Eléphantine, *Endor*.....
> Plein de spectres, semblables aux visions d'*Endor* [1].

Or on sait quelles suggestions émanent de ce mot et à quel événement biblique il fait allusion. Le roi Saül étant allé consulter un jour une pythonisse à Endor, celle-ci avait évoqué devant lui l'ombre du prophète Samuel : rappelons-nous, la 18e *Méditation* de Lamartine qui a justement pour sujet l'évocation de Samuel par la pythonisse.

Beaucoup des méfaits littéraires que l'on désigne sous le nom d'apocalyptisme de Victor Hugo sont évidemment imputables à l'influence des esprits de Jersey. Mais qui dira le bénéfice immense que la poésie de Hugo, et d'abord sa vision poétique, a retiré de ces fréquentations surnaturelles.

La vision poétique de Victor Hugo, à partir de 1853, gagne étonnamment en profondeur. Elle baigne dans une atmosphère de soleil et de brume : la frontière est indécise entre la proche clarté et le flou des lointains. Le réel ne s'y sépare plus guère du surnaturel; la simple image, du symbole;

---

[1] Pour les références, et d'autres mentions d'Endor, voir notre étude sur *La Bible dans Victor Hugo*, pp. 224-225.

le pittoresque superficiel qui intéresse seulement notre œil, des arrière-plans mystérieux qui ouvrent à l'esprit les perspectives infinies du rêve. La fortune éclatante d'une partie des *Contemplations* et de *La Légende des siècles* est sortie de ce mélange.

Longtemps absorbé dans le songe silencieux de ses méditations spirites, le poète accumule désormais dans son œuvre tout ce qu'il a appris dans ce long colloque avec l'au-delà, c'est-à-dire ces mille correspondances entre le réel et le merveilleux qui ont ajouté au timbre autrefois si net de sa voix les résonnances du mystère.

Avez-vous jamais réfléchi à toutes les suggestions du seul mot « abîme » qui, depuis 1853, envahit le vocabulaire de Victor Hugo? C'est que, jusque dans son vocabulaire, on voit s'opérer, à partir de 1854, une véritable métamorphose. Sa langue s'enrichit-elle? Non. Les mêmes mots s'y répètent sans cesse, des mots qui rayonnent le mystère : abîme, vents, nuit, sombre, fauve, formidable, livide. Et pourtant cette langue refleurit alors magnifiquement. Elle se renouvelle par l'intérieur. Les mots ne sont qu'en apparence les mêmes qu'avant 1853. En réalité, sans avoir dépouillé leur enveloppe ancienne, ils revivent sous des formes neuves. Vidés de leur contenu primitif, ils admettent des acceptions nouvelles, étonnamment riches et débordantes. Des significations symboliques les envahissent.

Presque toujours, les mots sont alors cueillis au point de jonction du symbole et du réel. Par suite, ils ébranlent à la fois la chair et l'esprit. Ils suggèrent en même temps qu'ils expriment, et souvent plus qu'ils n'expriment. On ne sait pas toujours au juste ce qu'ils signifient, mais ils l'expriment magnifiquement. Ils emplissent le discours de suggestions frémissantes.

Ce que l'on ne dira jamais trop, ce sont les relations très étroites qui unissent le spiritisme de Victor Hugo à son biblisme. Jamais il ne fut plus biblique que pendant la première décade de l'exil, et dans le temps justement où il oppose sa révélation aux enseignements du passé. Non seulement les prophètes revivent en lui et par lui, mais leur style reparaît dans le sien. Il se fait une adaptation spontanée de sa rhétorique à son personnage sacré. Spontanée et consciente. La Bible est son livre, un livre de famille, le livre des ancêtres. Il ne cesse de la relire, de la retenir et d'en reprendre les formules. A l'appel du visionnaire, du prophète, du Messie, les souvenirs de saint Jean, d'Isaïe, de l'Évangile, accourent en foule et viennent se ranger dans son œuvre. Il parle hébreu.

Il va sans dire que le vulgaire ne lui savait aucun gré de cette langue hermétique. La défaveur imméritée que l'on marqua à ses dernières œuvres (en écrivant « dernières », je vise leur ordre de publication, et non leur date de composition), à l'œuvre posthume, tient pour une large part à cet hermétisme de la forme autant qu'à l'ésotérisme du fond.

De fait, l'œuvre posthume a de quoi déconcerter des lecteurs non prévenus. Sujets, forme, accent, tout les inquiète. Ils se demandent à chaque instant s'ils comprennent bien, et s'ils ne seraient point dupe de la confiance accordée au génie. Les mains les mieux domestiquées elles-mêmes suspendent leurs applaudissements. Et l'on met au compte de la décadence sénile des poèmes tels que *Dieu* et la *Fin de Satan*. Comme si les voix qui s'y font entendre n'avaient pas éclaté dans le ciel hugolien bien avant la grande voix universellement applaudie de la *Légende des siècles!* Et comme s'il ne suffisait pas que l'œuvre de notre poète foisonnât déjà de contrastes et de paradoxes sans qu'il nous donnât encore à déchiffrer, dans sa propre existence, l'énigme d'un génie successivement décadent et vigoureux, et dont la décrépitude aurait précédé la maturité !

Ni décadente, ni sénile, l'œuvre posthume est tout simplement d'un spirite. Elle ne contient rien de plus, et rien de moins, que « Ce que dit la Bouche d'Ombre » (1854) des *Contemplations*. Seulement cette dernière pièce, obscure pour les profanes, bénéficia de son obscurité même : on la lut peu et on ne la comprit pas. Et l'on ne pouvait faire les rapprochements nécessaires avec les œuvres contemporaines, encore inédites, qu'elle éclaire, et qui l'eussent éclairée.

Quel dommage que soient si peu goûtées ces œuvres posthumes ! Jamais le demi-dieu, à l'apogée de son génie, ne déploya une pareille puissance, ne montra une ardeur semblable et tant de jeunesse d'âme. Le sentiment d'avoir été désigné tout exprès pour être l'ouvrier d'une tâche surhumaine, lui donne du cœur à l'ouvrage. Le moderne Titan travaille dans la joie de sa force, s'accompagnant d'une chanson formidable. L'écho de cette allégresse emplit le ciel. La nuit s'embrase au loin sur son toit. Quand il frappe sur l'enclume retentissante, pour forger la clef des futurs paradis, son marteau fait jaillir, d'une matière maudite, mille étoiles.

On peut dire que de septembre 1853, jusqu'en 1859, l'influence littéraire des tables est prépondérante. Dans le même temps que la paix des choses et que l'écoulement des jours endorment sa fureur politique, les tables de Jersey donnent le change à sa méditation qu'elles orientent vers les grands problèmes de la destinée. Les semences de mystère lèvent de toutes parts, et ne tardent pas à s'épanouir dans son œuvre en floraisons étranges, simplement étranges parfois, le plus souvent merveilleuses. Le poète a trouvé dans la philosophie ésotérique des tables de quoi retremper, renouveler son inspiration. Je veux bien que, même s'il n'eût jamais interrogé les tables, il eût entendu dans les matins clairs hennir les chevaux de l'aurore. Mais son imagination, encline depuis toujours à animer la nature, se trouve désormais libérée, galvanisée, par les expériences de Jersey, et elle y décuple sa puissance créatrice [1].

L'hiver 1853-1854 marque donc, pour l'œuvre littéraire de Victor Hugo, une date décisive, capitale, unique : elle clôt et inaugure. Elle clôt la manière pittoresque purement artiste, le lyrisme personnel, subjectif, des *Odes*, des *Feuilles d'automne*, des *Voix intérieures*, des premières *Contemplations* (« Autrefois ») et même des *Châtiments*. Et elle inaugure le lyrisme objectif, visionnaire, des dernières *Contemplations* ; la rhétorique vaticinatoire de *Dieu*, de l'*Ane*, de *Pitié suprême* ; l'épopée symbolique de la *Fin de Satan* et de la *Légende des siècles* : enfin, en deux mots, et s'il fallait absolument réduire à leur unité profonde les aspects multiples de cette manière nouvelle dite épico-lyrique ou apocalyptique, nous dirions volontiers que, avec 1854, s'inaugure la *manière spirite* de Victor Hugo.

---

[1] « Disons, sans ménager l'éloge, que dans le *rendu* de l'épouvante et de la petitesse effondrée du penseur devant le problème de l'infini, Victor Hugo atteint les limites mêmes de l'art.

L'horreur sacrée de l'homme, qui sent l'immensité lui monter à la tête, n'a pas eu d'interprète plus terrifiant et plus habile à secouer, d'un égal tumulte, les fibres du cœur et les cordes de la lyre. » (P. BERRET, *La philosophie de Victor Hugo*, p. 24.)

CHAPITRE XVII

Les Contemplations [1].

SOMMAIRE. — Répartition chronologique des *Contemplations*. — Le souvenir de Léopoldine. — Les tables et *Au bord de l'infini*. — Quelques titres significatifs. — Les allusions aux faits. — Les allusions à la doctrine. — L'inconscience du poète.

« Ce sera un livre à part que ces *Contemplations* écrit Hugo le 14 janvier 1855 à Émile Deschanel. Si jamais il y aura eu un miroir d'âme, ce sera ce livre-là. »

Toutes les époques et toutes les formes sentimentales de la vie de Victor Hugo sont en effet représentées dans les deux volumes des *Contemplations : Autrefois* (1830-1843) ; *Aujourd'hui* (1843-1855).

Mais des 69 pièces d'*Aujourd'hui*, on a surtout retenu les 17 premières : ce sont celles qui, consacrées à la mémoire de Léopoldine, sont groupées sous le titre de *Pauca meæ*. La douleur paternelle donne à ces 17 pièces un accent si poignant qu'elles

---

[1] Les pages citées, l'œuvre de V. Hugo renvoient à l'édition in-12 Hetzel, dite « ne varietur ».

nous frappent tout d'abord. Puis leur place en tête du volume force l'attention, et capte, accapare, les sources neuves de l'émotion. Si bien que le lecteur, distrait par cet émouvant début, n'accorde pas, aux 52 pièces qui suivent, l'intérêt qu'elles méritent.

On va répétant que la seconde partie des *Contemplations* est dominée par le souvenir de la morte. Il serait plus exact de dire, et à s'en tenir seulement à l'importance numérique des pièces (41 sont postérieures à septembre 1853), qu'*Aujourd'hui* est dominé par l'obsession de la Mort, et plus précisément par le souvenir des tables. Certes, l'image de la chère disparue n'est pas absente ; et même, la première séance où son esprit répondit à l'attente impérieuse du cercle de famille, ne put que donner à sa mémoire une reviviscence certaine ; mais ce souvenir de la défunte reste secondaire. Le deuil du père se fond et se confond dans l'angoisse du philosophe.

En tout cas, ce fut sous le coup des séances de tables tournantes que le poète écrivit, entre autres, les vingt-sept dernières « Contemplations », toutes frémissantes encore du récent émoi. Il avait d'abord songé à les grouper sous ce titre général : *Dans la nuit*, avant de s'arrêter au titre actuel : *Au bord de l'infini*. Toutes les pièces en sont postérieures au 15 septembre 1853. Et l'on y sent partout l'influence des tables. Les sujets ne varient guère : le mystère, la mort, les apparitions. Visiblement, une obsession incline le poète vers l'outre-tombe.

Un spectre au seuil de tout tient le doigt sur sa bouche.
(Les Contemplations. « Fleurs dans la nuit ». « Jersey, cimetière de Saint-Jean ». *Avril* 1854.)

> Tout escalier, que l'ombre ou la grandeur le couvre
> Descend au tombeau calme, et toute porte s'ouvre
> Sur le dernier moment. *(Ibid.)*

Que l'on y prenne garde, les vers ci-dessus sont datés d'un cimetière. D'un cimetière ! Le champ des morts de Jersey devient pour de longs mois la promenade favorite de l'exilé. Il recherche la société des morts et soutient avec eux de redoutables colloques. Ce trait éclaire d'une manière inattendue certaines allusions restées obscures de la célèbre pièce : *Les Mages.*

> (Ils) Disent : Es-tu là? dans la tombe.
> . . . .
> Et par moments, on croit entendre
> Le pas sourd de quelqu'un qui vient (1855).

Ce groupe des 27 « Contemplations » *Au bord de l'infini* vaudrait d'être cité en entier. Partout des apparitions, des révélations. L'angoisse métaphysique serre le poète à la gorge. A chaque pas lèvent sous nos regards des allusions soudaines aux séances fameuses.

Ces allusions, comme il est naturel, se font surtout fréquentes pendant les deux années 1854-1855 où la fièvre spirite sévit à l'état aigu. A partir de mars 1854, c'est-à-dire à partir du moment où les semences de mystère venues des tables dès septembre 1853, commencent à germer, l'inspiration de Victor Hugo, remarque fort justement M. Paul Berret *(La philos. de V. H.,* p. 11), « changea complètement de nature. Il s'adonne tout entier, pour employer une expression dont il se sert dans une lettre à Paul Meurice [1], à ce qu'il appelle ses *Apocalypses*... De cette inspiration apocalyptique et philosophique, les *Contemplations* n'utilisèrent qu'une très faible partie ». Le reste ira grossir *La Légende des siècles*, les *Quatre Vents de l'Esprit* et les recueils posthumes de *Toute la lyre* et de la *Dernière Gerbe.* Nous y reviendrons avant qu'il soit longtemps. Celles qui trouvèrent place en 1856 dans *Aujourd'hui* des *Contemplations* étaient au nombre d'une quarantaine. Voici les principales. Une simple revue des titres et des dates sera déjà par elle-même assez significative.

1853	(septembre)	: *O Gouffre, l'âme plonge...*
1854, 12	janvier	: *La nature.*
— 14	mars	: *Mars.*
— 30	mars	: *Dolor.*
— 31	mars	: *Horror.*

---

[1] Du 3 février 1856.

1854 17 avril	:	*Un spectre m'attendait.*
— 25 avril	:	*A qui donc sommes-nous ?...*
— 29 avril	:	*A la fenêtre pendant la nuit.*
— 30 avril	:	*Pleurs dans la nuit.*
— 9 juin	:	*Hélas tout est sépulcre...*
— 24 juillet	:	*Ibo.*
— 13 octobre	:	*Ce que dit la Bouche d'Ombre.*
— 13 octobre	:	*Le Pont.*
— 15 octobre	:	*Oui, je suis le rêveur.*
— ?	:	*Magnitudo parvi* (en grande partie.)
— 30 octobre	:	*Voyage de nuit.*
— 2 novembre	:	*Ce que c'est que la mort.*
— ?	:	*Une nuit, un esprit me parla...*
1855 11 janvier	:	*A celle qui est voilée.*
— 4 février	:	*Magnitudo parvi* (achèvement).
— 3 mars	:	*Ponto.*
— 19 mars	:	*Le firmament est plein...*
— 24 avril	:	*Les mages.*
— 12 juillet	:	*J'aime l'araignée...*
— 9 août	:	*Cadaver.*
— 23 août	:	*Apparition.*
— 4 octobre	:	*Aux anges qui nous voient.*
— 2 novembre	:	*A celle qui est restée en France.*
1854-1855 (mois incertain)	:	*La clarté du dehors ne distrait pas mon âme.*
— — 18 août	:	*Le Revenant* [1].

---

[1] M. Berret penche pour le 18 août 1854 (Cf. *La Philosophie de V. Hugo*, p. 10). G. Simon également *(Contemplations, Ollendorf, 1905, p. 468).*

M. H. Dupin *(Étude sur la chronologie des Contemplations,* Bibliothèque de la Faculté des Lettres, tome XVI, p. 108, Alcan, 1906) hésite entre le 18 août 1854 et le 18 août 1855. Je n'ai pas, quant à moi, à choisir entre ces dates. Il me suffit que la pièce se situe en pleine crise spirite.

Une pièce qui ne figure pas dans la liste précédente, *Nomen, Numen, Lumen,* écrite en mars 1855, à minuit, au dolmen du Faldouet, doit son titre tout au moins à une réponse des tables faite le 6 août 1854 : « Qui est là? — Omen, lumen, numen, nomen meum. »

Partout perce l'obsession spirite [1]. Les rappels

---

[1] Un spectre m'attendait dans un grand angle d'ombre
Et m'a dit : .....
« L'espace sait, regarde, écoute. *Il est rempli*
D'oreilles dans la tombe et *d'yeux* dans les ténèbres.

. . . .

Les firmaments sont *pleins de la sève vivante*
         Comme les animaux
                  (Les Contemplations, 17 avril 1854.)

Comparez :

  O Déserts, noirs vallons, lacs, rochers, grandes plaines,
  Levez vos fronts sans nombre et *vos millions d'yeux.*
                      (Fin de Satan, p. 65.)

  Les *invisibles yeux* qu'on voit dans l'ombre épars.
                        (Ibid.)

1857   ...Les cieux *pleins de regards.*
             (Toute la Lyre. « Le Moi », IX.)

1858   ...La nature sans fond, sous *ses millions d'yeux.*
        (Légende des Siècles. « Le Sacre de la Femme. »)

     Ces *yeux innombrables* qu'entrouve l'infini *(Ibid.)*

1859   ...Tandis que je songeais, l'œil fixé sur ce mur
       Semé d'âmes...
   (Légende des Siècles « La vision d'où est sorti ce livre. »)

Voir encore les *Contemplations* citées plus loin à propos du poème « *Dieu* », pp. 152-155.

sont parfois très nets. Rappels de faits comme les évocations de la Dame Blanche rapportées plus haut (p. 33-35), ou rappels de doctrine.

Parfois encore, c'est une allusion rapide, un trait jailli comme un éclair qui projette une lumière soudaine sur les arrière-fonds de la pensée.

Plus souvent, c'est l'accent même qui nous donne l'éveil : on y perçoit des nuances, des frémissements, qui représentent bien le Victor Hugo des tables, si différent de l'homme de 1843, ou seulement de 1852.

On voit maintenant le crédit qu'il faut accorder à telles réflexions du poète :

« Les tables nous commandent le silence et le secret, écrit-il le 4 janvier 1855 à Mme de Girardin. Vous ne trouverez donc dans les *Contemplations* rien qui vienne des tables, à deux détails près, très importants, il est vrai, pour lesquels j'ai *demandé permission* (je souligne [1]) et que j'indiquerai par une note. »

La note visée ci-dessus est celle qui accompagne le procès-verbal de la séance du 19 septembre 1854. Les « deux détails » venus des tables sont ceux dont nous allons parler au chapitre suivant. Ils figurent dans *Ce que dit la Bouche d'Ombre*, pièce capitale qui ne prend tout son sens, et même qui ne prend un sens, que si elle est éclairée à la lumière des Tables tournantes de Jersey.

---

[1] La remarque entre parenthèses est de V. Hugo.

CHAPITRE XVIII

Ce que dit la Bouche d'ombre.

SOMMAIRE. — La pièce fut écrite sur l'invitation des Tables. — Le contenu spirite : la doctrine. — Expressions empruntées aux tables. — « Le ver Cléopâtre ». — « La gradation de la prison au bagne ». — Place capitale de *Ce que dit la Bouche d'Ombre* dans la poésie exilienne.

Cette « Contemplation », d'un occultisme effréné, tient les promesses ésotériques de ses premiers vers.

> J'errais près du dolmen qui domine Rozel,
> A l'endroit où le cap se prolonge en presqu'île
> Le spectre m'attendait ; l'être sombre et tranquille
> Me prit par les cheveux dans sa main qui grandit,
> M'emporta sur le haut du rocher et me dit :
>
> . . . .

On la comprenait peu, on la comprenait mal, ou on ne la comprenait pas, avant que Jules Claretie, dans le *Journal* du 26 juillet 1898, nous eût révélé son inspiration spirite. Pièce étrange en effet pour quiconque ignore la complicité des esprits de Jersey dans son élaboration :

« L'être qui se nomme l'Ombre du Sépulcre, déclare Hugo, m'a dit de finir mon œuvre commencée ; l'être qui se nomme l'idée a été plus loin encore, et m'a « ordonné » de faire des vers appelant la pitié sur les êtres captifs et punis qui composent ce qui semble aux non-voyants la nature morte. J'ai obéi. J'ai fait les vers que l'Idée me demandait (ils ne sont pas encore complètement achevés). Pour être compris, il a fallu expliquer. J'ai dû entrer dans le détail, détail qui contient ma pensée ancienne avec l'élargissement apporté par la révélation nouvelle. Dans ces vers, deux choses sont empruntées à la table en propres termes, le *ver Cléopâtre* et la gradation de la prison au bagne..... » *(Séance du 19 septembre 1854.)*

L'œuvre ainsi écrite par Hugo à l'invitation des tables? *Ce que dit la Bouche d'Ombre.* Commencée en septembre 1854, elle n'était achevée que le mois suivant, comme en témoigne une note de la main du poète, qui accompagne le manuscrit [1] : « J'ai fini ce poème de la fatalité universelle et de l'espérance éternelle le vendredi 13 octobre 1854. »

Je n'irai pas analyser ce morceau interminable de plus de 600 vers. Toute la doctrine spirite, telle que nous la connaissons, y est développée abondamment. Et l'on sait ce que développer signifie chez un verbal tel que Victor Hugo. Qu'il me suffise de rappeler que la métaphysique exposée par la Bouche d'Ombre gravite autour de deux dogmes essentiels : l'univers est vivant ; et il est habité par des âmes qui expient.

---

[1] Aujourd'hui déposé à la Bibliothèque nationale.

On n'en finirait plus de relever dans le détail toutes les concordances, je ne dis pas seulement de pensée, mais de mots et d'images entre cette *Contemplation* et les discours des esprits de Jersey. Une édition critique de la pièce permettrait seule de mettre en lumière tout ce que la *Bouche d'Ombre* doit à l'Ombre du Sépulcre, à Moïse, à la Mort, à Tyatafia et au Lion d'Androclès. Par exemple :

Te voilà fiancée, *araignée*, à l'*étoile*.
> (« Le lion d'Androclès ». *Séance du* 19 *mai* 1854.)

(On verra).....
L'*araignée éclatante* au seuil des bleus pilastres
Luire...
> *(Hugo. La Bouche d'Ombre*, septembre-octobre 1854.)

Quand, dans les champs déserts où le *bœuf rêve* et
[beugle
> (« Le Lion d'Androclès », *séance du* 19 *mai* 1854.)

On verra rayonner au front du *bœuf qui rêve*.
> (*Hugo. La Bouche d'Ombre*, septembre-octobre, 1854.)

Contentons-nous de déterminer les « deux choses » principales que, de son propre aveu, le poète a empruntées expressément au guéridon, à savoir « le ver Cléopâtre » et « la gradation de la prison au bagne ».

C'est au Lion d'Androclès que Victor Hugo doit l'image du *ver Cléopâtre*. Développant cette idée que le criminel, après la mort, est châtié par son crime même, dans la mesure de son crime, et qu'il est entraîné d'autant plus bas dans le cachot des éléments que sa faute fut plus lourde, la Bouche d'Ombre des *Contemplations* disait :

> L'âme en ces trois cachots traîne sa faute noire...
> Elle assiste à sa chute, et, dur caillou qui roule,
> Pense : Je suis Octave ; et, vil chardon qu'on foule,
> Crie au talon : Je suis Attila le géant ;
> Et, *ver de terre* au fond du charnier, et rongeant
> Un crâne infect et noir, dit : *Je suis Cléopâtre.*
>
> *(Ce que dit la Bouche d'Ombre, vers 311 et suiv.)*

Or, à la séance du 9 mai précédent, les tables, dans une énumération semblable d'incarnations avilissantes, avaient fait dire au *Lion d'Androclès :*

> Toi, taureau Goliath, épouvante du pâtre,
> Cèdre Nemrod, boa Nisus, *ver Cléopâtre,*
>   Rhinocéros Caïn. *(Les tables tournantes,* p. 271.)

Quant à « la gradation de la prison au bagne », elle symbolise pour Hugo la hiérarchie expiatoire, la série des châtiments qui s'échelonne depuis l'enfer provisoire des globes inférieurs jusqu'à la captivité terrestre.

> Toute faute qu'on fait est un cachot qu'on s'ouvre.
> Les êtres de fureur, de sang, de trahison,
> Avec leurs actions bâtissent leur prison [1].

---

[1] « La tombe est l'arche de Noë des âmes... Le marquis de Sade a péché en blasphémant, il est rivé à son blasphème.

« Judas a péché en trahissant, il est prisonnier de sa trahison. Caïn a péché en trahissant son frère, il est au carcan dans son meurtre ». *(Moïse, Séance du 8 décembre* 1853.)

L'âme que sa noirceur chasse du firmament
Descend dans les degrés divers du châtiment
Selon que plus ou moins d'obscurité le gagne.
L'homme en est la *prison*, la bête en est *le bagne*,
L'arbre en est le cachot, la pierre en est l'enfer.

(Ce que dit la Bouche d'Ombre.)

L'homme est une *prison* où l'âme reste libre *(Ibid)*.

Oui, ton fauve univers est le forçat de Dieu.
Les *constellations*, sombres lettres de feu,
Sont les *marques du bagne* à l'épaule du monde.
Dans votre région tant d'épouvante abonde,
Que, pour l'homme, *marqué lui-même du fer chaud,etc.*

(Ibid.)

Dès septembre 1853, dans une séance qui avait lieu chez Leguével, un esprit qui déclarait se nommer Tyatafia *(sic)* et habiter Jupiter, avait appelé l'attention de l'assistance sur l'existence de ces globes punis.

« — *Les êtres qui habitent Jupiter ont-ils une âme et un corps? Sont-ils composés, comme nous, de matière et d'esprit?* (Pas de réponse). — ..... *Jupiter est-il donc une planète moins heureuse que la nôtre?* — Oui. — *Selon qu'ils se sont bien ou mal conduits, les êtres humains sont-ils après la mort dans les globes malheureux ou dans des terres heureuses?* — Oui. » (Septembre 1853.)

Mais ce sont encore les discours du Lion d'Androclès qui ont le plus servi à la Bouche d'Ombre. Ils contiennent expressément la mention de la *prison* terrestre et *du bagne* planétaires. Comparez, par exemple, le passage cité plus haut de la Bouche

d'Ombre hugolienne avec ces déclarations lyriques
du Lion Jersien :

Espère, car bientôt, qui sait, demain peut-être...
. . . . .Taupe aveugle,
Quand dans les chemins déserts où le bœuf rêve[1] et
      Tu creuses ton sillon,   beugle,

L'astre qui te surprend perçant ta *prison* lourde
Dirige la clarté de sa lanterne sourde
      Vers ton évasion.

Vous aurez, ô fourmis, si le pardon commence
Pour fourmilière au ciel la croix du sud immense.
      Dieu n'est plus irrité.
Chenille, à toi Vénus : mouche, à toi la grande Ourse
Infusoire perdu dans les eaux de la source,
      A toi l'immensité !

Espérez, vous aussi, soleils, astres sans nombre,
Le ciel n'est pas *un bagne* où le forçat est l'ombre.
      La délivrance luit.
Dieu n'a pas fait l'éther pour y mettre des bouges,
Et vous, vous n'êtes pas, ô soleils, des *fers rouges*
      Dont il marque la nuit.
                (Séance du 30 mai 1854.)

L'idée et le mot de *bagne* céleste, Hugo se les
empruntait d'ailleurs, inconsciemment, à lui-
même. Déjà il avait écrit en 1839 :

Saturne : sphère énorme ! astre aux aspects funèbres !
Bagne du ciel ! prison dont le soupirail luit !
Monde en proie à la brume, aux souffles, aux ténèbres !
      Enfer fait d'hiver et de nuit !
  (Les Contemplations. « Autrefois ». « Saturne ». Avril 1839.)

---

[1] On verra rayonner au front du *bœuf qui rêve. (Ce que dit
la Bouche d'Ombre*, vers la fin.)

Et l'idée lui venait sans doute de Lamartine. Je crois que ces vers de 1839 sont nés d'une lecture de *La Chute d'un Ange*, poème qui, paru en 1837, contient une idée semblable (voir plus haut, p. 51). Les enseignements reçus de Tyatafia et du Lion jersien semblent bien être ainsi de pures réminiscences ; prétendues révélations immédiates qui ne seraient au fond qu'une réviviscence de lointaines lectures.

Jusqu'en 1859, Victor Hugo ne va guère faire autre chose que d'exploiter, de commenter, de détailler *Ce que dit la Bouche d'Ombre*. Faute d'avoir compris cette pièce étrange, la poésie exilienne, où figurent pourtant ces magnifiques monuments de *Dieu* et de la *Fin de Satan*, garde son mystère : incomparables splendeurs qui restent absolument fermées à quiconque n'a pas demandé aux esprits de Jersey la seule clef qui puisse nous en livrer le secret.

CHAPITRE XIX

Le poème « Dieu ».

SOMMAIRE. — Analyse du poème *Dieu*. — L'influence du Moïse jersien. — Les suggestions de Moïse confirmées et complétées par la Mort. — Les ébauches successives de *Dieu*. — Le poème *Dieu* et les conseils de la Mort. — Les paroles de la Mort jersienne et le subconscient hugolien.

Existe-t-il dans l'abondante production posthume de Victor Hugo, quelque ouvrage ayant eu le même privilège que *Ce que dit la Bouche d'Ombre*, d'avoir été commandé expressément par les esprits de Jersey? Oui. Il n'est pas douteux que les esprits de Jersey ont collaboré au poème *Dieu*.

Qu'est-ce que le poème Dieu? Une ascension de l'Esprit humain vers la Clarté suprême, vers le Jour. Le poème est divisé en trois parties. Il débute par : *Ascension dans les ténèbres*, et se termine en coup de théâtre sur l'illumination fulgurante intitulée : *Le Jour*. La partie intermédiaire, intitulée : *Dieu*, se subdivise en neuf chapitres qui correspondent aux diverses zones ténébreuses, de moins en moins épaisses, de plus en plus pénétrées de lumière, que traverse dans son ascension l'Esprit voyageur. Chacun de ces chapitres porte

le nom d'un être symbolique : La Chauve-Souris,
le Hibou, Le Corbeau, Le Vautour, L'Aigle, Le
Griffon, L'Ange, qui habitent chacune de ces zones
étagées. Ils représentent et ils révèlent à l'Esprit
voyageur, car il les entend qui parlent dans la
nuit quand il arrive à leur hauteur, des conceptions
de Dieu de plus en plus épurées. C'est ainsi que
la Chauve-Souris représente l'athéisme ; le Griffon, le Christianisme ; et l'Ange, une forme religieuse plus approchée encore de la Vérité. La
Vérité? Elle ne nous apparaît qu'après la mort.
Et le poème s'achève sur cette révélation suprême.

L'Etre ..... parla : Passant,
Écoute — Tu n'as vu jusqu'ici que des songes,
Que de vagues lueurs flottant sur des mensonges.
. . . .
Mais, esprit, trouves-tu que ce n'est pas assez?
Ton regard, d'ombre en ombre et d'étage en étage,
A vu plus d'hori on... — en veux-tu davantage?
Veux-tu, perçant le morne et ténébreux réseau,
T'envoler dans le vrai comme un sinistre oiseau?
. . . .
Veux-tu dans la lumière inconcevable et pure
Ouvrir tes yeux, par l'ombre affreuse appesantis?
Le veux-tu? Réponds.
        — Oui : criai-je. Et je sentis...
. . . .
Il me toucha le front du doigt. Et je mourus.
(Jersey, 1855.)

Lisez maintenant cette révélation d'un esprit
de Jersey.

« Moïse. — La vérité absolue n'apparaît à l'homme qu'après la mort..... A mesure que le regard humain s'élargit, la lumière augmente. Vous êtes dans le plein jour : contemplez..... » *(Séance du 8 décembre 1853.)*

Il semble que le poète de *Dieu* n'ait fait en 1855 que commenter et illustrer les paroles dites par l'esprit jersien de Moïse en 1853. Et, de fait, dès les révélations de Moïse, l'idée de cette ascension germe obscurément dans le cerveau du poète. Lisez *Ibo* des « *Contemplations* », écrit le 24 juillet 1854, au dolmen de Rozel :

> Vous avez beau, sans fin, sans borne,
>   Lueurs de Dieu,
> Habiter la profondeur morne
>   Du gouffre bleu...
>
> Je gravis les marches sans nombre,
>   Je veux savoir,
> Quand la science serait sombre
>   Comme le soir !
>
> Vous savez bien que l'âme affronte
>   Ce noir degré
> Et que, si haut qu'il faut qu'on monte,
>   J'y monterai !.....

Vers le 15 octobre, Hugo revient encore à ce même dessein dans *Magnitudo parvi (Contemplations)*. L'intervention de la Mort va hâter l'aboutissement du lent et inconscient travail qui s'opérait dans le cerveau du poète depuis la visite de Moïse. Le 22 octobre 1854, en effet, la Mort, présente ce soir-là dans la table, demande à Hugo de préparer une œuvre posthume intitulée : *Conseils à Dieu*.

« V. Hugo. — ... Ce que tu me conseilles de publier après ma mort, sont-ce des œuvres de révélation...? Ou sont-ce des œuvres de poésie contenant, comme toutes mes autres œuvres, seulement à un degré plus profond encore, l'intuition divine mêlée à la création humaine?, En un mot, que devra-t-il y avoir dans mon tombeau? Un prophète ou un poète?... »

La Mort. — Il s'agit d'une œuvre formidable intitulée *Conseils à Dieu ;* la terre disparaît ; le sépulcre, chauve-souris de pierre, ouvre ses ailes d'ombre dans le crépuscule de la résurrection et bat de son vol la vitre flamboyante des astres ; l'oiseau sinistre va de planète en planète, et son cri de nuit chaque fois qu'il touche le bord d'une constellation, devient un chant de lumière ; il sort du soir et apporte l'aurore ; il s'envole d'un enfer et il annonce un paradis ; il part hibou et il arrive alouette ;..... il saute de paradis en paradis, et il niche de joie en joie, et il couve l'un après l'autre tous les globes et il fait éclore dans le ciel tous ses œufs.....

V. Hugo. — *Je t'interromps pour te demander si tu connais les vers que j'ai faits il y a dix jours ?*

La Mort. — Non.

V. Hugo. — *Continue.*

La Mort. — ... d'archanges. O vivant, voici ce que je te conseille : l'œuvre de ton âme doit être le voyage de ton âme..... tu dois deviner le ciel étoilé, y tracer ton itinéraire... et, voyageur invisible, marquer d'avance tes étapes inconnues sur la grande route faite de précipices qui conduit à l'hôtellerie farouche de l'incompréhensible... »
(Séance du 22 octobre 1854.)

L'interruption de Victor Hugo au sujet des vers faits par lui « il y a dix jours » vise très probablement la pièce *Magnitudo parvi* composée en grande partie au début d'octobre 1854. Certains passages de cette pièce prévoient en effet étrangement les paroles de la Mort. Par exemple le voyage idéal conseillé ci-dessus par la Mort, répond à une pensée développée par le poète en plusieurs strophes :

> S'il nous était donné de faire
> Ce voyage démesuré,
> Et de voler de sphère en sphère,
> A ce grand soleil ignoré,
> Etc...   *(Magnitudo Parvi.)*

Entre le poète et la table, il existe d'autres coïncidences d'expressions, dont le poète s'étonne lui-même et qu'il relève [1] :

---

[1] J'en vois d'autres encore qu'il ne relève pas, et où la Mort continue de donner la réplique à l'auteur des *Contemplations*. « Il y a dans l'infini, dit la Mort, un astre qui s'appelle Saturne et qui souffre... » C'est l' « épouvantable Saturne », l' « astre horrible » de *Magnitudo parvi* (1). De même, comment ne pas rapprocher ces images étranges de la table : « Vos soleils prennent la gangrène, vos lunes ont l'horrible peste du châtiment... » des images pareilles employées par le poète dans la même pièce ?

> Quelques-uns de ces globes meurent...
> Ils ont d'étranges maladies,
> Pestes, déluges, incendies ?... *(Magnitudo Parvi.)*

Il sera dit que les paroles de la table feront toujours écho à la pensée du poète.

« LA MORT. — Seigneur, votre soleil est couvert de plaies, vos astres sont des gouttes de sang.

V. HUGO. — J'ai fait ce vers (dans un autre sens) :

« De ces gouttes de sang qu'on prend pour des étoiles ».

Dès le 30 octobre, il ébauche dans *Voyage de Nuit* (des « Contemplations ») une première esquisse du vaste poème. Trois jours après cette dernière pièce, même dessin dans une autre « Contemplation » écrite le 2 novembre, le jour des morts, au dolmen de la Tour Blanche, et qui porte ce titre significatif : *Ce que c'est que la mort.*

Ne dites pas : mourir ; dites naître [1]. Croyez.

. . . .

On vit, usant ses jours à se remplir d'orgueil,
On marche, on court, on souffre, on penche, on tombe.
On monte. Quelle est donc cette aube? C'est la tombe
Où suis-je? Dans la mort. Viens ! Un vent inconnu
Vous jette au seuil des cieux.....

Enfin le premier semestre de 1855 est en grande partie consacré à la tâche littéraire que la Mort a fixée.

Les *Conseils à Dieu* deviennent le poème *Dieu.* L'idée fondamentale du poème? Que la mort est la grande initiatrice, la vérité étant le secret d'outre-tombe. Le plan du poème? Celui-là même que

---

[1] Comparez d'ailleurs l'idée et l'expression, avec ce vers de *Dieu (L'Ange) :*

Que le jour où *la mort enfin te fera naître...*

la Mort a suggéré : une suite d'étapes vers le zénith lumineux. Les personnages symboliques que le voyant verra et entendra dans cette ascension idéale, il les a trouvés aussi indiqués dans les paroles de la Mort. Cette « chauve-souris », cet « oiseau sinistre », mentionnés par la table, et qui vont de planète en planète, s'appelleront dans le poème : la Chauve-Souris, le Hibou, le Griffon.

Il va sans dire que la révélation spirite aura son interprète dans le poème. C'est l'Ange. Déjà il marque par sa seule forme supérieure toute la distance qui le sépare des êtres monstrueux qui symbolisaient les religions antérieures. Mais écoutons-le parler. Il parle aussi longuement que la Bouche d'Ombre, dont il reprend d'ailleurs la métaphysique.

> Tout vit, Création couvre métempsychose.
> . . . .
> Oui, bête, arbre, rocher, broussaille du chemin,
> Tout être est le vivant de l'immensité sombre.
> L'homme n'est pas le seul qui soit suivi d'une ombre.
> Tous, même le caillou misérable et honteux,
> Ont derrière eux une ombre, une ombre devant eux,
> Tous sont l'âme, qui vit, qui vécut, qui doit vivre,
> Qui tombe et s'emprisonne, ou monte et se délivre.
> Tout ce qui rampe expie une chute du ciel.
> La pierre est une cave où rampe un criminel.
> . . . .
> Sous votre bagne, il est d'autres cachots profonds.
> . . . .

En même temps, la mort aux splendides prunelles
Pousse vers l'éternelle et suprême clarté
Le monstre, et l'homme au vent du sépulcre emporté.

. . . .

Rien n'est fait pour rester dans l'obscurité sourde,
L'âme en exil devient à chaque instant moins lourde
Et s'approche du ciel que nous réclamons tous.
D'heure en heure, pour ceux qui se sont faits plus doux,
La peine s'attendrit ; l'ombre en bonheur se change ;
La bête est commuée en homme, l'homme en ange ;
Par l'expiation, échelle d'équité
Dont un bout est nuit froide et l'autre bout clarté,
Sans cesse, sous l'azur que la lumière noie,
L'univers Châtiment monte à l'univers Joie.

. . . .

Point de déshérité : Non, point de paria !

. . . .

..... Qui te dit

Que le jour où la mort enfin te verra naître,
Tu ne verras pas, homme, au seuil des cieux paraître
Un archange plus grand et plus éblouissant
Et plus beau que celui qui te parle à présent...
Qui viendra vers toi, pur, auguste, doux, serein,
Calme et qui te dira : C'est moi qui suis Caïn ?

Mais comme le dessein de cette ascension révélatrice et expiatrice, et jusqu'à l'idée des globes punis, existaient déjà confusément dans la pensée et dans l'œuvre de Victor Hugo antérieurement à la révélation des tables, notre poète, en obéissant à l'ordre des esprits, et en se soumettant à leur influence, subit au fond sa propre influence à lui ; il se conforme aux obscures exigences de son passé ; il obéit à des voix qui retentissent depuis toujours dans le fond de son être, mais qui deviennent d'autant plus impérieuses, et mieux écoutées, qu'elles lui semblent venir du dehors, de très haut d'un au-delà mystérieux.

CHAPITRE XX

La Fin de Satan.

SOMMAIRE. — Le diptyque *Dieu - La Fin de Satan*. — Le thème général de *La Fin de Satan* et les tables. — La singulière beauté du poème hugolien. — *Le Glaive* et ses sources spirites : l'épisode du lépreux. — Le *Gibet* et ses sources spirites ; *La Sibylle*. — A la manière du lion des Tables. — Le repentir de Satan.

La même ascension humaine qui nous conduit vers la Lumière, nous ouvre les paradis. Ce second aspect du progrès spirite a trouvé chez Victor Hugo son expression littéraire la plus achevée dans la *Fin de Satan*.

A prendre les choses en gros, c'est le dogme spirite qui se déroule au regard du visionnaire de *Dieu* tandis que c'est plutôt la morale spirite qui fixe l'attention du chantre de *Satan*. Les poèmes *Dieu* et *La Fin de Satan* se complètent : dans l'un il faut voir une métaphysique spirite de la connaissance, dans l'autre une métaphysique spirite du bonheur.

La *Fin de Satan*, c'est l'épopée du mal dans le monde, la lutte gigantesque entre le Bien qui est

Dieu, et le Mal personnifié en Satan. L'épilogue de cette lutte? La défaite ou plutôt la capitulation de Satan. Si le mal s'identifie avec Satan, c'est en effet Satan lui-même, c'est-à-dire sa damnation, sa haine, qui doivent cesser un jour. La lutte pour toutes les libérations doit fatalement aboutir à sa libération, à lui.

Les « esprits » qui parlaient à Jersey dans les tables confirmaient notre poète-philosophe dans son adhésion à une amnistie universelle. A cette question : « *Ce châtiment* sera-t-il éternel ? » Moïse répondait le 8 décembre 1853, vers minuit :

« Tous ces criminels se transfigureront lentement et deviendront des justes. Le rayonnement lointain de Dieu fondra ces cœurs de glace [1] et leurs crimes s'écouleront en avalanches dans l'abîme du pardon divin. »

Les tables reprennent sans se lasser leur argumentation prosatanienne. Le 11 février 1855,

---

[1] Comparez :

On arrive homme, deuil, *glaçon, neige,* on se sent
Fondre et vivre, et, d'extase et d'azur s'emplissant
Tout notre être frémit de la lumière étrange
Du monstre qui devient dans la lumière un ange.

(*Les Contemplations :* « *Ce que c'est que la mort* ».
Novembre 1854.)

L'ange.....
Fondait le monstre ainsi qu'un glaçon dans la braise.

(*Fin de Satan,* p. 281.)

Jésus-Christ reproche au christianisme « d'enseigner l'amour sous le nom de charité et la haine sous le nom d'enfer ». Le 18 février de la même année, il s'élève encore contre les « flammes éternelles ». Le 8 mars, un esprit anonyme proclame à son tour le nouvel Évangile : « La vraie religion, c'est un immense apprivoisement de bêtes fauves et non un immense bûcher... ; c'est une énorme tendresse pour les féroces, pour les infâmes, pour les maudits... [1] »

Sur ce point encore, il va sans dire que les esprits de Jersey ne nous renvoient qu'un écho. On se doute assez qu'ils ne furent ni les premiers, ni les seuls à introduire l'instance qui restituait à Satan les droits du Lucifer d'avant la chute. Vigny dans *Eloa* [2] (1820) ; Lamartine dans la *Chute d'un ange* (1837) ; Th. Gautier dans *Une larme du diable* (1839) ; Soumet dans *La Divine Épopée* (1840) ; Laprade dans *Psyché* (1841), étaient entrés en campagne pour faire reviser le procès du Banni, bien avant que le guéridon eût bougé, et que Hugo eût entrepris *La Fin de Satan* (1854-1860). Mais, tout prévenu qu'il était, par son romantisme même, en faveur du Révolté, Hugo n'eut sans doute jamais songé à lui apporter son témoignage si les tables n'avaient fait entendre leur voix.

---

[1] *Les tables tournantes de Jersey. Procès-verbaux.* Paris, Conard, 1923, p. 361.

[2] *Eloa* comportait une suite où Satan était sauvé.

Dès 1854, il s'attelle à son poème et l'on voit se multiplier à travers son œuvre les manifestations prosataniennes.

Les enfers se refont édens. C'est là leur tâche.
>   (*Contemplations.* « Ce que dit la Bouche d'Ombre ». 1854.)

Dieu voudra. Tout-à-coup on verra les discordes,
La hache et son billot, les gibets et leurs cordes
>   *L'impur Serpent des cieux banni,*
Le sang, le cri, la haine, et l'ordure, et la vase
Se changer en amour et devenir extase
>   Sous un baiser de l'infini.
>   (*Légende des Siècles,* « Tout le passé et tout l'avenir », 1854.)

>   Ecoute-moi. La loi change :
>   Je vois poindre aux cieux l'archange :
>   L'esprit du ciel
>   M'a crié sur la montagne :
>   « Tout enfer s'éteint ; nul bagne
>   N'est éternel. »

. . . .

Satan meurt... (*Légende des Siècles.* « L'Océan ». 1854.)

Dieu m'excepte. Il finit à moi. Je suis sa borne

. . . .

Cieux, azurs, profondeurs, splendeurs, l'amour me hait !
« Non, je ne te hais point !...

. . . .

Satan est mort ; renais, ô Lucifer céleste ! »
>   (*La Fin de Satan*, 1854-1860.)

Pour illustrer la double idée de chute et d'ascension expiatrice qui git au fond de son credo spirite, Hugo ne pouvait trouver de symbole plus grandiose ni plus conforme à la nature antithétique de son génie que le drame de Satan précipité du ciel, puis remontant vers les hauteurs bienheureuses. Le poème de *La Fin de Satan* est resté à l'état d'ébauche en plusieurs de ses parties. L'œuvre était si vaste, ayant l'univers pour théâtre et se déroulant à travers des millénaires, qu'il n'est pas étonnant que, comme nos cathédrales gothiques, elle demeure inachevée. Telle qu'elle est, et malgré ses défauts, qui d'ailleurs lui sont communs avec les autres ouvrages de l'auteur, elle renferme des pages d'une telle puissance et d'une telle variété qu'il faut sans doute la considérer comme le chef-d'œuvre de Victor Hugo.

Le poème se divise en trois parties : *Le Glaive* (écrit en 1854), *le Gibet* (écrit en 1859-1860), *la Prison* (inachevée). Ces trois parties correspondent aux trois âges de l'histoire humaine : les temps primitifs, l'époque évangélique, les temps modernes.

Le Glaive.

L'influence des tables est peu marquée dans *le Glaive*. Je ne la vois très nette que dans quelques passages :

> Une voix qui parlait dans un rocher lui dit. (p. 57)

> Les invisibles yeux qui sont dans l'ombre épars
> Et dans le vague azur s'ouvrant de toutes parts,
> Stupéfaits, regardaient... (p. 65)

et surtout dans l'épisode du lépreux (pp. 48-53). Pendant que le fléau Nemrod sévit parmi les hommes qu'il éclabousse de sa gloire sanglante, un obscur lépreux, tout resplendissant de beauté morale, devient le champion de l'amour.

> O mes frères lointains qui me jetez des pierres
> Soyez bénis ! bénis sur terre et dans les cieux !
> Pères dans vos enfants, et, fils, dans vos aïeux !...
>
> *(Fin de Satan*, p. 50.)

Sa qualité de lépreux le désignait à la sympathie du poète. Hugo, ayant pris à tâche de réhabiliter la chouette et — soyons cyniques ! — le porc et le crapaud, il ne pouvait moins faire pour le lépreux. Il était fatal que celui de la *Fin de Satan* possédât toutes les vertus puisqu'il avait toutes les disgrâces. Il appartient à cette classe d'êtres proscrits et maudits sur lesquels notre philosophe a reçu l'ordre de s'apitoyer, et qu'il célèbre, en effet, dans la *Bouche d'Ombre* et la *Pitié Suprême*.

Hugo imagine, en outre, que ce lépreux, non content de se résigner à son mal, se réjouit de l'offrir en sacrifice. Il montre, pour emprunter à notre poète ses propres expressions, « cette sublime démence de la sagesse qui... de résignation se faisant sacrifice, sera la folie de la croix. Stultitiam crucis. Le fumier de Job transfiguré deviendra le calvaire de Jésus »[1]. La plaie du lépreux con-

---

[1] *William Shakespeare* « Les Génies », II.

tient ainsi une promesse de paradis, car elle est une semence de gloire.

> « Dans le ciel radieux, je jette ma torture,
> Ma nuit, ma soif, ma fièvre et mes os chassieux,
> Et le pus de ma plaie et les pleurs de mes yeux,
> Je les sème au sillon des splendeurs infinies [1].
> . . . .
> Pustules, ouvrez-vous et semez des étoiles !
>
> *(Fin de Satan, p. 52.)*

Mais ce trait de sa physionomie apparente aussi le lépreux du Glaive au Job évoqué par les tables. Elles proclament

> ..... que la boue où le pourceau patauge
>   Est une gloire, est un honneur ;
> ..... que la fange est sublime,
> Et que l'excrément vil d'un ver est une cime
>   Sous l'immense pas du Seigneur ;
> . . . .
> Que Job sur son fumier hideux où tout le blesse
>   Râcle l'infini sur sa main,
> Qu'une plaie est un astre en haillon sur les hommes,
> . . . .
> ..... qu'il n'est pas, au fond, de différence
> Entre le mendiant, abîme de souffrance,
>   Et cette nuit aux flancs maudits
> Accroupie et gisante sur sa guenille brune
> Qui passe le tesson de verre de la lune
>   Sur sa lèpre de paradis.
>
> *(Séance du 10 mai 1855.)*

------

[1] Cf. Et sur tous les fumiers apparaîtra dans l'ombre
Un Job resplendissant.   *(La Bouche d'Ombre.)*

Le Gibet.

La vie et les discours de Jésus, tels que Victor Hugo les expose dans le *Gibet*, forment un admirable Évangile. L'enseignement de Jésus-Christ coïncidait sur trop de points avec la doctrine hugolienne de pitié pour que le poète n'eût pas largement puisé aux sources sacrées traditionnelles. Sans beaucoup de peine ni d'invraisemblance, il s'efforce donc d'attirer à lui la divine figure du Sauveur. Il pèche surtout par omission ou préterition.

Les quelques passages où il s'écarte expressément de l'orthodoxie chrétienne sont justement ceux où il complète et corrige d'après les tables le texte des Livres Saints. C'est ainsi qu'il prête à Jésus la doctrine de la Bouche d'Ombre.

> Dieu présent à la nuit n'est pas absent des bêtes,
> Il vit dans les lions comme dans Daniel [1].

(Fin de Satan. « La Judée », p. 97.)

Ailleurs il incorpore au récit évangélique une anecdote de son invention, afin de faire sanctionner par l'autorité de Jésus le demi-agnosticisme

---

[1] Hugo, qui se doute bien de ce qu'il y a de téméraire dans l'attribution à Jésus de cette maxime, s'autorise d'un verset de l'*Ecclésiaste* qu'il cite en renvoi : « *Qui sait si l'âme des bêtes va en bas?* »

de Galilée et de l'Ombre du Sépulcre *(Tables,* pp. 335-350). Il faut lire cette anecdote, une rencontre de Jésus avec une Sybille, dans le chapitre qui porte ce titre : *La Sibylle.* Ce chapitre renferme un long discours de 227 vers, divisé en cinq paragraphes uniformément introduits par la formule : *Le livre d'en haut dit.* Ce « Livre d'en haut », n'en doutez pas, se confond avec le livre des Tables. Ce long discours, bien entendu sibyllin, développe, et souvent en des termes étrangement concordants, les révélations faites par « Galilée » sur le Dieu ineffable, dans les séances des 10 et 17 décembre 1854.

Les derniers chapitres du poème contiennent un épisode qui vaut que l'on s'y arrête, celui du sommeil de Satan. Cet épisode répond à un long développement précédent sur les yeux toujours ouverts du Réprouvé : horrible veille éternelle qui symbolise à la fois le châtiment qui pèse sur lui, et la haine sans répit qui le ronge. Mais, à un moment de l'action, Satan, dont la haine n'est au fond que la nostalgie du ciel, éprouve comme une lassitude du mal. Récipiscence qui a déjà obtenu une première récompense : il s'est endormi. Distrait de sa haine, il goûte enfin cette douceur de l'oubli. Le monde, libéré pendant ce temps de son infernale Providence, connaît l'avant-goût des futurs âges d'or. Une blonde lumière bourdonne dans la campagne heureuse ; la joie fleurit partout, comme un bienfait mystérieux. La nature divisée contre elle-même se réconcilie dans une trêve paradoxale. Un souffle fraternel est passé sur les choses. Et l'on voit se renouveler les prodiges déjà chantés par le lion jersien.

. . . .

C'est l'heure où les cailloux, les roses et les bêtes
     Oubliant leurs douleurs,
Épelant clairement Jéhovah sous ses voiles,
Où l'ange du pardon fait lire les étoiles
     Aux plus petites fleurs.

          (Les Tables, p. 270. « Le lion », 9 mai 1854.)

Les branches s'écartaient pour ne pas gêner l'herbe;
La montagne avait pris, complaisante et superbe,
     La fleur sur ses genoux.

. . . .

La rosée étonnée a suspendu ses gouttes,
     Et la mouche son vol.

          (Tables, p. 296. « Id. », 4 juillet 1854.)

Le cri des vautours cesse avec le chant des merles.
La fontaine interrompt le babil de ses perles ;
     C'est l'heure des remords.

. . . .

Pour ne pas empêcher les clochettes d'entendre,
Le Vésuve et l'Etna retinrent sous la cendre
     Leur respiration ;
Tout s'arrêta devant l'ange de la clémence.

. . . .

Ce fut, *sous ce regard de la grande prunelle* [1].
Une adoration pensive et solennelle ;
        L'arbre dit : Aimons-nous !
Tout pria, le caillou se vit une auréole ;
Ce qui rampe se crut des ailes, ce qui vole
        Se sentit des genoux.
            (*Tables*, pp. 299-300. « Id. », 6 août 1854.)

Le tableau de ces prodiges, avant d'être reproduit dans la *Fin de Satan*, aura d'ailleurs été copié et utilisé dans l'intervalle, et d'abord, bien entendu, dans *Ce que dit la Bouche d'Ombre*.

Parfois, on voit passer dans ces profondeurs noires,
Comme un rayon lointain de l'éternel amour ;
..... la douceur saisit le plus farouche ;
Le chat lèche l'oiseau, l'oiseau baise la mouche,
Le vautour dit dans l'ombre au passereau : pardon !
Une caresse sort du houx et du chardon ;
Tous les rugissements se fondent en prières ;
On entend s'accuser de leurs forfaits les pierres ;
Tous ces sombres cachots qu'on appelle les fleurs
Tressaillent ; le rocher se met à fondre en pleurs.
... *sous l'œil attendri qui regarde d'en haut.*
            (*La Bouche d'Ombre*, octobre 1854.)

La grande paix d'en haut vient comme une marée.
Le moineau d'un coup d'aile ainsi qu'un fol esprit
Vient taquiner le flot monstrueux qui sourit ;
L'air joue avec la mouche, et l'écume avec l'aigle.
Le jour plonge au plus noir du gouffre, et va chercher
L'ombre et la baise au front sous l'eau sombre et hagarde.
Tout est doux, calme, heureux, apaisé, *Dieu regarde.*
            (*Les Contemplations.* « Éclaircie ». Juillet 1855.)

---

[1] Le regard de Dieu produit naturellement les mêmes effets que le sommeil de Satan.

(Satan dormait)..... la terre eut un répit.
La lave folle aux flancs de l'Hécla s'assoupit ;
Le fouet oublia l'âne ; et l'ours, las de ses courses,
Vint boire avec la biche à la clarté des sources ;
La rose parut belle aux dragons éblouis.

. . . .

La plante qu'étouffait le roc se dégagea ;
Les mouches qui pendaient aux toiles d'araignées
S'envolèrent, de vie et d'aurore baignées ;
Le poids se souleva du dos du portefaix ;
Le vent s'arrêta court sur les flots stupéfaits.

(Fin de Satan, p. 275.)

Décidément Satan y met du sien. Son endurcissement finit par abdiquer. Il pleure. Il semble même prendre conseil des Tables pour composer son repentir.

« L'immensité a des entrailles de mère ; les soleils sont pleins de pitié pour les souffrances, et *le ciel a des larmes pleins ses étoiles.* » (*Les Tables*, p. 370.)

Et pleura. L'on eut dit que *ses larmes étaient*
De la lumière en pleurs coulant de deux étoiles.

(Fin de Satan, p. 282.)

L'archange renaît en lui. Le mal a cessé d'exister. Le tout dernier chapitre est intitulé : *Satan pardonné.*

« Satan pardonné ! » tel est le titre auquel il semble bien que Hugo ait d'abord songé pour son poème tout entier. Le procès-verbal de la séance de tables tournantes du 8 mars 1855 se termine sur un dialogue significatif entre le poète et l'esprit qui parle.

L'Esprit. — « L'Évangile du passé a dit : les damnés ; l'Évangile futur dira : les pardonnés. »

V. Hugo. — « Je fais un poème intitulé : Satan pardonné [1]. »

(Les Tables, p. 363.)

---

[1] Une note qui accompagne ce procès-verbal nous fournit un renseignement précieux sur la date de composition du poème : « ... Le poème Satan pardonné a été commencé par moi il y a précisément un an, en mars 1854, et... j'en ai écrit les deux tiers à l'heure qu'il est... »

CHAPITRE XXI

La Légende des Siècles.

SOMMAIRE. — L'influence spirite générale dans le poème. —
Les sources spirites de détails : pièces de 1853-1855. —Pièces
de 1856-59. — Leur contenu spirite. — *Dieu invisible au
philosophe.* — *Le crapaud.* — *Le sultan Mourad.* — *La
légende du ver.* — *Le satyre.* — *La vision d'où est sorti ce
livre.* — *Booz endormi.*

Déjà consacré comme lyrique, Hugo s'affirmait
maintenant comme un incomparable bâtisseur de
monuments épiques, voyait grand, construisait
monumental, l'autorité de son génie et surtout la
conscience de sa mission surnaturelle lui permet-
tant de négliger l'étonnement et de braver les
rires.

La peine qu'il s'est donnée de nous révéler, dans
la Préface définitive de la *Légende,* les rapports qui
existent entre la *Légende, Dieu* et la *Fin de Satan,*
cette trilogie, nous épargne le soin d'insister davantage sur la parenté des trois poèmes. Nés d'une
inspiration commune, on devine tout ce qui les
rattache à sa philosophie ; et cette philosophie,
on sait quelles étroites dépendances la subor-
donnent à son spiritisme.

Outre les influences générales et lointaines auxquelles l'ensemble du poème est soumis, on peut remarquer dans le détail de l'œuvre des influences spirites plus proches et très sensibles.

Plusieurs pièces de 1854-1855, non recueillies en 1856 dans les *Contemplations*, où c'était manifestement leur place, sont venues grossir la *Légende* (surtout la 3ᵐᵉ série).

1854-1855! C'est le temps où Victor Hugo compose les deux longs poèmes qui lui ont été commandés expressément par les tables : *Ce que dit la Bouche d'Ombre* (1854) et *Dieu* (1855). Le travail cérébral auquel il se livre, donne lieu à une chimie fort active dont les multiples sous-produits se déposent dans de nombreuses pièces contemporaines plus courtes. Les *Contemplations* n'ayant absorbé qu'une partie de cette production spirite, le reste fût utilisé (Hugo avait le génie de l'utilisation) dans divers recueils postérieurs. La *Légende* eut sa part.

Voici les plus caractéristiques de ces pièces [1] qui prolongent dans la *Légende* l'inspiration de la *Bouche d'Ombre* et de *Dieu*, c'est-à-dire des tables.

Une analyse critique de chacune de ces pièces ferait seule apparaître dans le détail leur contenu spirite.

1853 (22 oct.)   *Homo Duplex* [3].
— (26 nov.)   *Abîme* [2].

---

[1] Les chiffres placés à la suite des titres, indiquent la série de la *Légende*.

1854 (18 fév.)   *L'Océan* [3].
— (28 fév.)   *Au lion d'Androclès* [1].
— (11 juin).   *Inferi* [3].
— (7-17 juin) *Tout le passé et tout l'avenir* [3].
— (6 déc.)   *Écoute, nous vivrons...* [3]
— (8 déc.)   *Ire, non ambire* [3].
?   ?   *Ténèbres* [3].
?   ?   *La nuit ! la nuit !* [3]

1855 (24 janv.) *L'homme se trompe* [3].
— (29 avril) *Le Géant soleil dit* [3]...
— (21 mai) *Les esprits* [3].
— (26-27 mai) *Les Montagnes* [2].

Si dans les quatre premières années du séjour à Guernesey, l'imagination du poète est encore toute vibrante du choc reçu à Jersey, la rédaction de l'*Ane* et de la *Pitié Suprême*, en 1857, ravive chez lui la mémoire des souvenirs récents. L'inspiration de la Bouche d'Ombre continue donc à se faire sentir après 1855.

1856 (30 mars)   *L'échafaud* [3].
— (12 mai)   *Liberté* [3].
— (10 juin)   *Changement d'horizon* [2].
?   ?   *Dieu invisible ou philosophe* [1].

1857 (27-31 octobre) *Les lions* [1].
— (15 novembre) *Puissance égale bonté* [1].
— (27 novembre) *Les Quatre Jours d'Elciis* [3].

1858 (26-29 mai)   *Le Crapaud* [1].
— (3-11 juin)   *Le parricide* [1].
— (15-21 juin)   *Le sultan Mourad* [1].
— (5-17 octobre)   *Le sacre de la femme* [1].
— (20-24 octobre)   *Le cèdre* [1].
— (20-26 nov.)   *Zim-Zizimi* [4].

1859 (17 mars)	*Le Satyre* [1].
— (3 avril)	*Pleine mer-Plein ciel* [1].
— (26 avril)	*La Vision d'où est sorti ce livre* [2].
— (1er mai)	*Booz endormi* [1].
— (13 mai)	*Tout était vision* [2].
— (15 mai)	*La trompette du Jugement* [1].
— (12 août)	*(Préface.)*

Le titre n'est pas toujours très significatif de ce qui rattache le poème au souvenir des tables. Par exemple *Dieu invisible au philosophe* (qui pourrait s'intituler l'*Ane de Balaam*), *Les Lions*, *Le Crapaud*, *L'Épopée du ver*, *Le Satyre*, tiennent des promesses spirites qu'ils ne nous avaient point faites. Toutes ces pièces réhabilitent des créatures maudites ou difformes. Or les tables, avant la « Légende », avaient appelé la pitié sur toutes les bêtes damnées, sur toutes les âmes proscrites de l'amour : « Les tables prouveront la fraternité des hommes avec les bêtes, l'égalité des bêtes avec les plantes, l'égalité des plantes avec les pierres, la solidarité des pierres avec les étoiles... O firmaments, il n'y a que des âmes égales devant l'amour... » *(Tables, p. 369.)*

En plaidant leur cause, Hugo ne faisait que continuer le plaidoyer de la Bouche d'Ombre et qu'obéir à l'ordre des esprits. « L'être qui se nomme l'Idée... m'a ordonné de faire des vers appelant la pitié sur les êtres captifs et punis... » *(V. Hugo, à la séance du 19 sept. 1854).*

Voilà pourquoi depuis 1854, ses sympathies se

règlent d'après une hiérarchie renversée, et pourquoi il consacre une légende dorée à toutes les
bêtes méprisées ou haïes : l'âne, le crapaud, l'araignée, le pourceau, le ver de terre.

L'âne, animal méprisé, donne à l'homme des
leçons méprisantes dans *Dieu invisible au philosophe* et dans le poème l'*Ane.*

Le crapaud, ce «pauvre monstre aux doux yeux»
de la Légende, est le frère de ceux qui pullulent
en liberté dans le jardin de Hauteville-House.

L'araignée, métamorphosée en soleil [1], réalise
les glorieuses promesses faites par le Lion jersien
d'Androclès [2] ; « Te voilà fiancée, araignée, à
l'étoile », et ratifiées par le poète.

(On verra) L'araignée éclatante au seuil des bleus pilastres
        Luire...   *(Ce que dit la Bouche d'Ombre.)*

Le sympathique pourceau du *Sultan Mourad,*
comme son frère le crapaud, rend au centuple un
regard de pitié. *Le Crapaud* et le *Sultan Mourad* ne
sont d'ailleurs que le développement magnifique
de ce canevas des *Contemplations :*

    ..... Pour peu qu'on oublie
  De les écraser,...
  Pour peu qu'on leur jette un œil moins superbe,
  La vilaine bête et la mauvaise herbe
    Murmurent : amour ! [3]

---

[1] Dans « Puissance égale bonté » *(Légende des Siècles.)*
[2] Voir plus haut p. 145.
[3] *Les Contemplations* « J'aime l'araignée » (1854).

La légende du ver, qui est un des épisodes les plus hallucinants de la Légende des Siècles, revendique « *le droit du ver du sépulcre* » promulgué par les tables. (P. 368 des *Procès-Verbaux.*)

Le *Satyre*, de la « Légende des siècles » est un des mythes hugoliens du Progrès. Le poète imagine que ce faune, ayant pénétré dans l'Olympe, tient aux dieux assemblés un discours fort irrévencieux où il leur prédit leur ruine future. Dans la philosophie de ce discours, M. Berret qui a étudié avec une minutie remarquable les sources du *Satyre*, a fort bien vu les infiltrations spirites [1]. Mais n'ayant pas eu connaissance au moment où il écrivait, en 1910, des *Procès-verbaux des Tables tournantes* parus en 1923, il n'a pu signaler l'influence des tables sur la mythique du poète, et notamment sur sa représentation métapho: que du progrès-révolte, de l'ascension-effraction Dans son discours, le Satyre fait entrevoir aux dieux la formidable marche à l'étoile de l'humanité future : elle s'élancera à la conquête des célestes terres

---

[1] « Plus d'une expression trahit la présence latente de toute la théorie :

> L'homme aux fers, pénétré du *frisson des roseaux.*
> (*Le Satyre.*)

est un souvenir évident du temps où l'homme

> Était d'abord moitié brute et moitié forêt. (*Ibid.*)

et, participant encore à la vie végétale, dormait à l'échelon le plus bas de sa future ascension. » (P. BERRET. *La philosophie de V. Hugo*, p. 63.)

promises, sur un étrange hippogriffe. Or, pour la description de cette monture apocalyptique et de cette marche à l'étoile, il a certainement tiré parti des tables de Jersey.

« ... Mais un jour, tout-à-coup, dans le temple, un inconnu entra, vêtu de haillons, les cheveux hérissés,... et tenant le formidable bâton de voyage de l'avenir ; c'était le mendiant Esprit humain... ; c'était le marcheur de l'ombre... Il faisait des gestes qui épouvantaient les colonnes de marbre... C'était le vagabond tonnant et flamboyant. On l'eut pris pour la foudre en route vers Sodome. Il entra et cria : Debout !... On entend hennir quatre-vingt-neuf... l'idéal est en selle... »

(Séance du 15 mars 1855.)

« Il part, et d'un coup d'éperon il franchit les abîmes... Griffon redoutable et splendide, il a Danton pour aile,... les volcans pour naseaux, les gouffres pour oreilles ; la bouche de ce cheval mâche l'infini qui tombe en écume de son mors sanglant ; il hennit le réveil, il piaffe l'avenir, il rue le chaos, il s'emporte, il se cabre, ... Ses quatre fers jettent des éclairs dont le tonnerre ébranle le monde : ce centaure a le passé et l'avenir... le mal et le bien montés sur sa croupe formidable ; il jette à terre ce qu'il ne jette pas au ciel ; il escalade, il escalade, il escalade ; il porte l'humanité à la liberté... Où donc s'arrêtera cette échappée de l'ombre ?... Qui sera la barrière ?... Est-ce l'enfant et son droit ? Non. Est-ce la femme et son droit ? Non. Est-ce l'homme et son droit ? Non... Les tables seront les quatre-vingt-neuf de l'esprit humain ; elles mêleront les atomes et les mondes... elles feront monter... O hommes, tout aime ; ô bêtes, tout aime, ô plantes, tout aime. O mondes, tout aime... »

(Séance du 22 mars 1855.)

La Vision d'où est sorti ce livre (1859), sorte de préface en vers, renferme aussi un mythe du Progrès-Ascension. L'objet de cette vision? Une tour escaladant le ciel, Babel monstrueuse faite de siècles étagés et de moellons vivants. Elle symbolise l'idée même qui a présidé à l'organisation du poème. Elle

> Montait dans l'infini vers un brumeux matin.
> Cette vision sombre, abrégé noir du monde,
> Allait s'évanouir dans un aube profonde,
> *Et commencée en nuit, finissait en lueur* [1].

Simple fiction poétique sans doute, que cette tour aux murailles vivantes [2]. Mais la foi spirite, dans laquelle baigne la pensée du poète, affleure ici et là manifestement. Ici par exemple :

> Je contemplais...
> La mort, *les avatars et les métempsychoses.*

Là aussi peut-être :

> Songe énorme : c'était la confrontation
> *De ce que nous étions avec ce que nous sommes ;*
> *Les bêtes s'y mêlaient de droit divin aux hommes.*
> Comme dans un enfer ou dans un paradis.

---

[1] Comparez :

> Echelle de la peine et de la récompense,
> *Nuit qui monte en clarté.*
>   (*Contemplations.* « Pleurs dans la nuit », 1854).

[2] Les sources poétiques de la pièce sont à chercher dans la *Pente de la rêverie* (1830) des *Rayons et les Ombres.*

Enfin l'expression *charnier-palais* est expressément empruntée, nous l'avons vu, au Lion de Jersey. (Voir plus haut p. 66.)

Quel que soit d'ailleurs le sujet, il est rare que les sources philosophiques profondes n'affleurent point ici et là, même dans les morceaux qui semblent de poésie pure. Dans *Booz endormi* par exemple, l'auteur prête au rude laboureur de la Bible des gestes d'universel apitoiement :

Il n'avait *pas d'enfer* dans le feu de sa forge,

renouvelés de la *Pitié suprême*.

La singulière séduction du vieux patriarche :

Les femmes regardaient Booz plus qu'un jeune homme.

provient de ce qu'il participe déjà à la splendeur des prochaines métamorphoses [1].

Le vieillard, qui revient vers la source première,
Entre aux jours éternels et sort des jours changeants
Et l'on voit de la flamme aux yeux des jeunes gens,
Mais dans l'œil du vieillard on voit de la lumière.

(Booz endormi.)

La chaîne vivante que Booz voit en songe :

Comme dormait Jacob...
Booz les yeux fermés gisait sous la feuillée...

---

[1] Rapprochez les vers de *Booz* de cette pièce des *Contemplations* « Ce que c'est que la mort », écrite le 2 novembre 1854, au plus fort de la crise spirite. On y lit ces paroles significatives : « Ne dites pas mourir, dites : Naître !... »

> Et ce songe était tel, que Booz vit un chêne
> Qui sorti de son ventre, allait jusqu'au ciel bleu ;
> Une race y montait comme une longue chaîne ;
> Un roi chantait en bas ; en haut mourait un Dieu.

rappelle sans doute l'échelle de Jacob, mais plus immédiatement encore celle des Tables et de la Bouche d'Ombre des *Contemplations*.

« L'échelle des êtres est infinie. Les échelons ne se voient pas, voilà tout. » *(Les Tables, p. 290.)*

> L'échelle que tu vois...
> Elle plonge à travers les cieux jamais éteints...
> Et dans les profondeurs s'évanouit en Dieu.
> . . . .
> Cette échelle apparaît vaguement dans la vie.
> Et dans la mort. Toujours les justes l'ont gravie ;
> Jacob en la voyant, etc...
>
> (La Bouche d'Ombre [1].)

Quant au décor nuptial qui sert de cadre à cet hymen paradoxal, il est surtout « chaldéen » : c'est la solitude auguste, chère au songeur du désert, c'est la nuit d'Ur et d'Endor, pleine

---

[1] Voyez aussi le même symbole employé dans *Horror* (30 mars 1854), en pleine crise spirite.

> D'où viens-tu ? Je ne sais. Où vas-tu ? Je l'ignore.
> ... Nous avons dans l'esprit des sommets, nos idées.
> ... Nous tâchons d'appliquer à ces cimes étranges,
> L'âpre échelle de feu par où montent les anges.
> Job est en bas, Christ est en haut.

L'idée de l'ascension humaine est fréquemment associée à l'évocation de Babel ou de l'échelle de Jacob.

d'étoiles comme en virent Abraham et Jacob. Étoiles familières au mage de Jersey ! La pièce s'achève sur les suggestions de mystère et les prestigieuses promesses de ce firmament.

> Une immense bonté tombait du firmament...
> . . . .
> Les astres émaillaient le ciel profond et sombre,
> Le croissant fin et clair, parmi ces fleurs de l'ombre
> Brillait à l'occident...

Booz est une des rares pièces de la *Légende* dont les strophes soient séparées par des signes figurant des étoiles. Hugo tenait à ces étoiles. Le 29 mai 1859 il écrit à Noël Parfait : « N'y a-t-il pas des étoiles indiquant des séparations dans *Booz endormi?* Vérifiez... » Le 12 juin, il revient à la charge : « P. S. Avez-vous vérifié s'il y a des étoiles dans *Booz?* »

Tout tient à tout, *La Légende des Siècles* ne serait pas ce qu'elle est dans ses éléments d'art, ni dans son inspiration générale [1], si en septembre 185 Mme de Girardin n'avait pas importé à Jersey la pratique des tables tournantes.

---

[1] Ni dans son plan, ni dans son titre même. Il me serait facile d'en apporter la preuve.

CHAPITRE XXII

Le spiritisme des « derniers » recueils.

SOMMAIRE. — Les « derniers » recueils sont en grande partie contemporains des *Contemplations*. — Quelques titres de pièces. — Leur contenu spirite. — Tableau chronologique des principales pièces spirites des « derniers » recueils. — **Un** pastiche. — L'œuvre de la vieillesse.

Le lecteur moyen connaît déjà les *Contemplations* (1856) avant d'avoir lu les autres recueils lyriques. Trompé par les dates de publication *(Quatre Vents*, 1882 ; *Toute la Lyre*, 1889-1893 ; *Dernière Gerbe*, 1902), il s'imagine volontiers que ces derniers recueils appartiennent à la vieillesse. Et comme ils répètent celui de 1856, on a tôt fait de déclarer que le vieillard rabâche, qu'il est en pleine décadence, pour ne pas dire en pleine décrépitude.

Un lecteur non prévenu qui aborderait l'œuvre de Victor Hugo en lisant *Les Quatre Vents de l'Esprit, Toute la Lyre*, ou *La Dernière Gerbe*, recevrait de cette lecture la même sorte d'impression que s'il l'abordait par le dernier livre des « Contemplations » : *Au bord de l'infini*. Il serait partagé entre l'admiration et l'envie de rire. L'incompréhension dominerait. Et si on lui donnait à entendre que ce dernier livre est tardif, postérieur aux autres recueils ci-dessus, il n'en manifesterait sans doute aucune surprise, se disant qu'à la réflexion, cette fin des *Contemplations* apparaissait, en effet, sénile.

En fait, dans ces recueils si mêlés que sont *Les Quatre-Vents de l'Esprit, Toute la Lyre, La Dernière Gerbe*, où toutes les époques sont représentées, la plupart des pièces sont antérieures à *La Légende des Siècles*, et un fort grand nombre sont contemporaines du dernier livre des « *Contemplations* ». Et l'inspiration spirite y domine. En fait encore, on ne lit guère les derniers recueils, dont trop de pièces ressemblent à *Au bord de l'infini ;* et on ne lit pas davantage *Au bord de l'infini*. On ne les comprend pas. On ne les comprend pas pour les mêmes raisons qui rendent inintelligible *Ce que dit la Bouche d'Ombre*.

Les Quatre-Vents de l'Esprit sont répartis en quatre livres, dont l'un surtout, *le Livre lyrique*, qui porte ce sous-titre significatif : *La Destinée*, traduit les préoccupations du spirite. Il se compose presque exclusivement de pièces écrites dans l'intervalle des séances de Jersey. Il en faut dire autant du groupe de pièces intitulé *Pendant l'exil*, dans la *Dernière Gerbe* [1] et du livre *La*

---

[1] Encore l'éditeur a-t-il fait figurer arbitrairement dans le groupe *Avant l'exil* des pièces qui furent manifestament écrites

Pensée de *Toute la Lyre*. Bien des titres déjà nous donnent l'éveil.

QUATRE VENTS DE L'ESPRIT. — *Le spectre que parfois je rencontre riait. — Androclès. — Sous terre. — Pati. — L'immense Etre inconnu sourit. — Horreur sacrée.*

TOUTE LA LYRE. — *Du songe universel notre pensée est faite. — Qui te dit que le monde, étant un noir vivant?... — Qui donc passe au-dessus de nous ô Dieu de l'ombre? — Visions. — Une nuit je rêvais... — Inscription de sépulcre. — Sombres aboyeurs des ténèbres. — Hommes, les avatars et les métempsychoses. — Ce que c'est que la mort. — Homme, pourquoi nier ce que tu ne vois pas? — La chanson du spectre.*

DERNIÈRE GERBE. — *Cauchemar posthume. — La souffrance, géante et spectre... — Deux aspects de la mort. — L'enfer. — L'inconnu, ce quelqu'un qu'on distingue dans l'ombre. — Dialogue avec l'Esprit. — Écrit sur l'omoplate d'un squelette.*

Mais ici encore, comme dans la Légende, les titres trompent. Soupçonneriez-vous, au seul intitulé de la pièce, que *La Bossue* renferme une magnifique traduction du symbole spirite de la chrysalide humaine?

LA BOSSUE.— Oh ! je suis monstrueuse et les autres
[sont belles.
Cette bosse, ô mon Dieu !...
UNE VOIX. — C'est là que sont tes ailes.

. . . .

à Jersey de 1853 à 1855, notamment *Cauchemar posthume, Le droit de l'animal,* et *Les degrés de l'échelle.*

Tu portes sur ton dos l'œuf divin de la tombe.
Sous ce poids bienheureux ton corps chancelle et tombe.

. . . .

Tu pleures, mais pour nous, les voyants du mystère,
Qui savons ce que Dieu met dans l'humanité,
De ton épaule sombre, il sort une clarté.

. . . .

A la mort, ton épaule infâme s'ouvrira,
O femme, et l'on verra de cette bosse infâme,
Moquée et vile, horrible à tout être vivant,
Sortir deux ailes d'ange immenses, que le vent
Gonflera dans les cieux comme il gonfle des voiles,
Et qui se déploieront toutes pleines d'étoiles [1].

. . . .

La date de *La Bossue?* 8 mars 1854, six mois avant *Ce que dit la Bouche d'Ombre*, au moment du plus fort engouement pour les Tables.

Quel que soit le titre, le fond ne varie guère. Ni la forme. Encore et toujours les leçons et l'accent de la Bouche d'Ombre ! La nature est vivante et, jusque dans la tombe, il se fait de mystérieux échanges de vie.

> Il sent la chevelure affreuse des racines
>   Entrer dans son cercueil ;
>
> . . . .
>
> Il sent un doigt obscur sous sa paupière close
>   Lui retirer son œil.

> (*Contemplations.* « Pleurs dans la nuit », avril 1854.)

---

[1] *Toute la Lyre.* « L'humanité », XXVII.

> — Bouche horrible
> Pourquoi te glisses-tu dans l'ombre
> Par les fentes de mon cercueil?
> — Il faut renouveler ma sève
> Et pendant que l'aube m'arrose
> Ma racine vers toi descend.
> — Qui donc es-tu? — Je suis la rose.
> — Et que veux-tu? — Boire ton sang.

(Les Quatre Vents. « Le Livre lyrique, XXIII, « Sous terre », 29 mai 1854.)

De l'échelle vivante qui relie le chaos à l'empyrée, l'homme occupe le milieu.

> Ver de terre et rayon confinant d'un côté
> A l'azur, on ne sait par quelle pureté,
> De l'autre à la matière, on ne sait pour quels crimes,
> Qu'est-ce que l'homme? Un entre-deux d'abîmes !

(Toute la Lyre, III, 9, 1854?)

> L'homme sent à la fois, âme pure et chair sombre
> La morsure du ver de terre au fond de l'ombre
> Et le baiser de Dieu.

(Contemplations. « Pleurs dans la nuit », avril 1854.)

> L'homme qui plane et rampe, être crépusculaire,
> En est le milieu.....
> Dieu même en votre race, hommes infortunés,
> Les demi-dieux punis aux monstres pardonnés.

(Ce que dit la Bouche d'Ombre, octobre 1854.)

Sous lui, s'étagent dans les degrés inférieurs de l'être, les formes diverses d'un obscur châtiment.

> Est-ce que ces cailloux, tout pénétrés de crimes,
> Dans l'horreur étouffés, scellés dans les abîmes,
>   Enviant l'ossement.
> Sans air, sans mouvement, sans jour, sans yeux, sans
> Entre l'herbe sinistre et le cercueil farouche   [bouche,
>   Vivraient affreusement?

(Les Contemplations « Pleurs dans la nuit », avril 1854.)

> Le caillou sourd, stérile, informe, inerte, froid,
> Sent au-dessus de lui la plante frémir, vivre,
> Fleurir dans la clarté dont l'espace s'enivre...
> Et dur, triste, envieux, dit : L'ortie est au ciel :
> Descends, tu trouveras des jaloux de la pierre,
> Les zônes sont sans fin dans cette fondrière.

(« La dernière gerbe ». « Les degrés de l'échelle ». Vraisemblable-ment de 1854 [1].)

Au-dessus de lui, par contre, s'élève jusqu'à Dieu l'échelle de lumière.

1854 (octobre) :

> L'échelle que tu vois, crois-tu qu'elle se rompe? »
> Elle plonge à travers les cieux jamais éteints,
> Des démons enchaînés monte aux âmes ailées...
> Et dans les profondeurs s'évanouit en Dieu...

(La Bouche d'Ombre.)

------

[1] C'est par une erreur manifeste des éditeurs, remarque fort judicieusement M. Paul Berret. *(La philosophie de Victor Hugo,* p. 29), que la pièce figure dans *Avant l'exil.*

1854 (22 novembre) :

Les sphères en roulant, nous jettent la justice :
Oui, l'âme monte au bien, comme l'astre au solstice,
Et le monde équilibre a fait l'homme devoir [1].

(Les Quatre Vents, I, XIII, « Littérature ».)

Car une expiation libératrice achemine lentement
la création vers la joie paradisiaque, et transforme
en clarté les ténèbres.

L'homme est sombre : qu'il souffre, il brillera.
                                        Dieu bon
Refait le diamant avec le vil charbon...
Et la création n'est qu'un gouffre d'où sort
Le rayon qui, joyeux, dorant l'ombre et la mort
        S'épanouit dans les ténèbres.

(Les Quatre Vents, III, XXVII « Pati », 25 décembre 1854.)

Et toujours, et partout, l'ascension humaine,
l'échelle qui relie l'abîme aux étoiles. Le poète
parcourt en imagination tous les degrés de cette
voie douloureuse et glorieuse qui, des enfers
jusqu'aux étoiles, à travers l'universelle métempsychose, achemine les condamnés vers leur libération. Il nous fait assister à une embrassade des
continents et des globes, conçue dans la joie et
dans la lumière. Vision magnifique, mais ingénue

---

[1] ...Le lien sacré du service rendu

A travers l'ombre affreuse et la céleste sphère
Joint l'échelon de nuit aux marches de lumière.

(1857? « L'Ane », « Sécurité du penseur ».)

en somme ; candide, mais aussi pleine d'orgueil. Pour être mise en œuvre, elle demandait un créateur de la taille et de l'assurance du grand poète.

La poésie du fameux sexennat 1853-1859, tourne ainsi dans un même cercle de préoccupations et d'images. Les mêmes idées ramènent sans cesse les mêmes symboles auxquels elles avaient été une première fois associées. Il faut reconnaître là une rare puissance de souffle, et plutôt l'abus que la décadence d'un grand talent.

Mais il est si vrai que certains artifices toujours obéis gouvernent alors sa rhétorique, que l'on peut sans trop de peine les réduire en recettes, et, au risque de pousser jusqu'à la charge le procédé, reconstituer artificiellement une page « à la manière 1854-1860 » de Victor Hugo. On nous pardonnera d'avoir succombé à la tentation de ce jeu innocent.

Pastiche de la rhétorique spirite de V. Hugo [1].

Un discours de *Job* dans un décor d'Apocalypse.

Et l'abîme soudain s'ouvrit comme une porte,
Le puits béant de l'ombre apparut, une sorte
De gouffre fait avec du rêve et de l'effroi.
J'entendis une voix disant « Sais-tu la loi?

---

[1] Sauf quelques retouches de détail, ce pastiche figurait déjà dans la partie documentaire (p. 85) de mon étude sur *La Bible dans Victor Hugo.*

« Sais-tu le but, sais-tu la fin, sais-tu la source ?
« Où donc Léviathan dirige-t-il sa course ?
« Connais-tu le secret de ton ascension ?
« Déjà l'on voit bleuir les porches de Sion...
« Ne dis pas : l'Être est grand. Ne dis pas : Il pardonne,
« L'Être est amour. Ce mot doit te suffire. Il donne
« Le baiser de l'étoile au cloporte maudit.
« Il dit : C'est bien ! quand le soleil en son midi
« Comme sur Salomon luit sur Job et rayonne.
« Ce lépreux sur son lit vaut ce roi sur son trône.
« Il donne au malheureux ce dictame : un rayon.
« Celui qui rend songeur, au désert, le lion,
« Commet l'énormité d'être bon, car il ose,
« Malgré les Borgias, faire éclore la rose.
« Sonde la nullité de tes mornes crédos.
« Sais-tu pourquoi le zèbre est rayé sur le dos ?
« D'où vient la toux que l'on entend au ciel, s'il tonne,
« Et l'attendrissement vague des soirs d'automne ?
« Peux-tu mesurer l'Être immense à ton néant,
« O pygmée, et dicter des lois à ce géant ?
« Son char plein d'yeux se rue éperdu dans l'abîme ;
« Quand il passe, l'éther vibre. L'essieu sublime
« S'éclabousse parfois de la poussière d'or
« Des astres que Jacob contemplait dans Endor.
« Moloch, Vishnou, Baal, inventions humaines !
« Larves du rêve-rien, toutes puissances naines !
« L'Être rit aux éclats quand il se tourne vers
« L'horrible cécité de leurs yeux grands ouverts. »

Jusqu'en 1860 environ, Hugo s'acquitte en vers de son message au monde. De 1860 à 1870, d'autres soins moins exclusifs le sollicitent. Cette deuxième décade de l'exil appartient au prosateur. Je n'ai rien dit des grands romans qu'il composa pendant cette période. Ils mériteraient à eux seuls une étude spéciale.

Mais qui ne voit que cette épopée en prose, des *Misérables* à *l'Homme qui rit*, interprète encore les doctrines de la *Bouche d'Ombre*, c'est-à-dire de *La Pitié Suprême?* Il y a plus. Croyez-vous que les avatars du héros des *Misérables* ne soient qu'une fantaisie romanesque et ne se rattachent à aucun dessein caché? Croyez-vous qu'aucune philosophie commune ne relie *l'Ane* ou le *Crapaud* à *l'Homme qui rit*, et que le choix de ce héros à l'horrible visage ne révèle point chez l'auteur les mêmes sortes de préoccupations que tant de vers consacrés depuis 1853 à glorifier le lépreux?

Les tendances profondes de notre romancier, à savoir le sens ardent et nerveux de la pitié, les grands espoirs vagues qui travaillent en lui, les tendresses palpitantes pour les souffrants, les maudits, les coupables, un goût plus vif pour la générosité que pour la justice, une foi déclarée ou inconsciente dans l'avenir du socialisme, du pacifisme, de l'anarchie, tout cela ne date peut-être pas des Tables, mais s'est fortifié, exaspéré, dans la fréquentation des esprits de Jersey.

Pour nous en tenir au poète et en finir avec sa poésie, répétons encore que les dates de ses productions dernières font clairement apparaître que la manière de la Bouche d'Ombre n'est pas une manie de sa vieillesse [1]. Sa vieillesse, merveilleux automne, vit refleurir tous les dons, seulement accrus, de son printemps. Les *Ballades* le cèdent en allégresse juvénile aux *Chansons des rues et des bois* (1865). *L'Année terrible* (1872) nous renvoie, plus grave et plus émouvante, la note patriotique des *Châtiments*. Et quant à l'*Art d'être grand-père* (1877), sa dernière œuvre, c'est un livre d'une étonnante fraîcheur d'âme. Chez ce vieillard qui conservait par ailleurs une si prodigieuse *viridité*, les facultés poétiques n'eurent pour ainsi dire pas de déclin. L' « apocalyptisme » de sa maturité n'a pas laissé de trace profonde dans l'œuvre de sa vieillesse. Ce paradoxe de son œuvre est tout à fait dans la logique de sa vie.

Voici une répartition chronologique des pièces qui, dans *Les Quatre Vents* et *Toute la Lyre*, décèlent une inspiration spirite.

LES QUATRE VENTS DE L'ESPRIT.

On sait que les *Quatre Vents* se divisent en 14 livres : I, *Satirique* ; II, *Dramatique* ; III, *Lyrique* ; IV, *Épique*.

1853 (novembre) : I, pièce finale.

1854 : 28 février (III, 19) ; 19 septembre (III, 17) ; 8 octobre (III, 14) ; 22 novembre (I, 13).

---

[1] Elle est, en tous cas, exceptionnelle dans les tout derniers recueils. A peine se fait-elle encore sentir dans l'*Ascension humaine* des « Chansons des rues et des bois » et dans le *Poème du jardin des plantes* de l' « Art d'être grand-père. »

? *(Date conjecturée par moi d'après divers indices)* :

1854 : I, 12, 22, 23, 24, 25, 26, 27, 30, 33 (5°) — III, 15, 18, 21, 40, 46.

1855 : 17 (mars (I, 11).

? : III, 1, 2, 3, 17.

1856.? III, 56.

1857? I, 17, 20, 25, 26.

1858-60? ; I, 30, 37, 42.

Toute la Lyre.

Toute la Lyre comprend sept parties représentant les sept cordes de la lyre : I, *L'humanité* ; II, *La nature* ; III, *La pensée* ; IV, *L'art* ; V, *Le moi* ; VI, *L'amour* ; VII, *La fantaisie.*

1853 : 14 octobre (V, 15) ; 5 novembre (V, 1) ; 22 décembre (V, 14).

1854 : 2 février (II, 17) ; 5 mars (I, 27) ; 17 mars (VII, 23) ; 8 avril (III, 11) ; 18 avril (IV, 15) ; 18 mai (III, 26) ; 22 juillet (III, 7) ; 26 juillet (III, 31 et VI, 46) ; 1er août (IV, 7) ; 4 août (I, 2) ; 22 août (II, 7) ; 12 octobre (IV, 21) ; 21 décembre (V, 17).

? II, 12, 20, 38 ; III, 9, 16, 22, 32, 33, 35, 36, 39, 40, 41, 42, 43, 44, 45, 46 ; IV, 8 ; V, 9, 10, 11, 20.

1855 : 7 janvier (II, 40) ; 1er février (IV, 13) ; 23 mai (II, 21) ; 16 juillet (V, 18) ; août (IV, 5 et V, 19).

? II, 27, 32 ; IV, 29 ; V, 21.

1856 : 29 mai (II, 8) ; 2 juillet (I, 1) ; 7 juillet, (II, 26).

? I, 4 ; II, 16 ; III, 8 ; IV, 20.

1857 (mois inconnu) : III, 10.

? III, 37 ; IV, 4.

1858-60? : I, 13, 21 ; III, 27.

1872 (mois inconnu) : II, 19.

1874 : 8 avril (III, 3) ; (mois inconnu) IV, 31.

? : III, 25.

1876 : 14 janvier (IV, 22).

CHAPITRE XXIII

Les dessins.

SOMMAIRE. — Hugo dessinateur. — Les deux époques et les deux manières du dessinateur. — Les caractères du dessin à l'époque des Tables. — Les sujets. — La technique et la matière. — La hantise des ténèbres.

On sait trop peu que Victor Hugo, qui cumula tant d'autres gloires, dessinait dans un style très original [1]. Tout lui était prétexte à dessin. Sur le premier bout de papier qui lui tombait sous la

---

[1] Cf. Emile BERTAUX : *Victor Hugo artiste*, 1903 ; Raymond ESCHOLIER : *Victor Hugo artiste*, 1926 ; M. CLOUARD : *Notes sur les dessins de V. Hugo. Lettres inédites.* (R. H. L. F., tome V., 341-364.)

Au *Musée Victor Hugo*, 6, place des Vosges, à Paris, dans la maison habitée par le poète de 1833 à 1848, on a réuni plus de 500 de ses dessins. M. Escholier est conservateur de ce Musée.

main, fragment de journal, carte de visite, ticket de théâtre, il fixait la vision du moment.

Ce voyant était un tel visionnaire, ce visionnaire un tel visuel, qu'il lui fallait se représenter physiquement, par l'image, la scène à décrire en vers. Il serait du reste aussi fâcheux de négliger le dessinateur pour l'écrivain, que d'ignorer l'artiste en expliquant le poète.

Ses dessins fourniraient une excellente illustration de ses œuvres, et surtout un excellent commentaire de son évolution littéraire. Car il va sans dire que son art a suivi la même courbe que sa poésie : simplement soucieux de pittoresque quand elle est purement lyrique, il s'imprègne de symbolisme quand elle devient apocalyptique. La période des *Voix intérieures*, des *Burgraves*, du *Rhin*, est représentée par des fleurs, des paysages, des burgs et des clochers gothiques ; tandis que les dessins de l'exil sont facilement reconnaissables à leur inspiration hagarde.

Spectres de la nuit et larves du rêve hantent l'artiste exilé et reçoivent de lui des formes hallucinantes. Les ombres que sa philosophie agnostique fait flotter dans sa poésie se concrètent sur le papier. Et pour traduire ces visions de cauchemars, ce n'est pas trop de toutes les nuances du noir : énormes paquets d'encre, renforcés de suie, de café noir, de sépia, de charbon, de jus de tabac. A ces empâtements noirs se heurtent des taches blanches qu'il accuse davantage en les saupoudrant de farine. Et cela représente un Christ en croix, un griffon, une main étrange, une figure de chimère, c'est-à-dire toujours le mystère.

M. Escholier [1] a très bien discerné ces manières successives de Victor Hugo dessinateur. Il a fort bien vu en particulier, qu'à un certain moment, le sentiment hallucinant du mystère exaltait les dessins de Victor Hugo et les rapprochait des aquatintes de Goya et des eaux-fortes de Rembrandt. C'est le temps justement où son œuvre écrite se modèle sur les apocalypses de saint Jean et d'Ézéchiel, et sur la rhétorique de Job. Mais l'on peut dire de son goyisme artistique ce que nous observions à propos de son apocalyptisme, qu'il exprime le tour nouveau donné à sa pensée par la crise des Tables de Jersey.

Le parallélisme de son art et de sa poésie est à ce point frappant que les spécimens les plus notables de sa tératologie apocalyptique existent sous les deux formes, écrite et peinte. Ainsi le griffon du poème *Dieu*. Ainsi encore la main tendue hors de l'ombre, que l'on peut voir au Musée Hugo de la place des Vosges, et qui porte cette suscription : *Figure de cauchemar*. Cette horrible main tentaculaire, qui émerge de la brume, obsédante, comme détachée du corps et du bras qui

---

[1] *L'art de Victor Hugo*, par Raymond ESCHOLIER. (*Correspondant* du 25 mai 1925.)

la supportent, est la réplique dessinée de vers tels
que ceux-ci :

> Et l'on voyait sortir de l'abime insondable
> Une sinistre main qui s'ouvrait formidable.
>
> *(Légende des siècles. « Le sultan Mourad. »)*

> Une sinistre main sortait de l'infini
>
> *(Légende des siècles. « La trompette du Jugement ».)*

> ... Et l'on vit une main qui retournait le temps.
>
> *(Toute la Lyre. « La Guillotine ».)*

L'influence spirite sur l'art de Victor Hugo se
fait sentir d'une façon plus ou moins immédiate.
Elle est immédiate dans le choix de certains
sujets : *Le Dolmen d'où me parlait la Bouche
d'Ombre,* — *Figure de cauchemar,* — *Le champignon,* — *Ce que je vois dans l'obscurité,* — *Habitants de Sirius.*

Le champignon est une réalisation plastique des
croyances hugoliennes en la métempsychose et en
l'ascension humaine, croyances dont nous savons
tout ce qu'elles doivent aux révélations de Jersey.
Ce champignon, étrange fausse oronge, à l'aspect
attirant et vénéneux, tachée de vert mousse, de
rouge et de safran, recèle dans son ombelle magnifique un mystérieux profil humain.

« Un petit carnet vert, qui porte la date de 1856,
cache entre ses feuillets des formes mystérieuses
qui ont les contours tremblés et les promontoires
cornus d'un continent déchiqueté sur un croquis

de géographie. Ces êtres amorphes sont — quelques légendes l'indiquent — des habitants de Sirius [1]. En voyant ici Hugo croquer des paysages stellaires et poursuivre, hors de la terre, des silhouettes de vivants, comment ne pas songer aux préoccupations qui se font jour chez lui lors des séances de Jersey?

« V. HUGO. — *Dis-moi, les mondes autres que la terre sont-ils habités?* — Oui. — *Par des êtres comme nous, âme et corps?* — Les uns oui, les autres non. »

(*Séance du 13 septembre 1853.*)

« Que ces faces grimaçantes, burinées plus que modelées, soient expressives à l'excès, comment s'en étonner, écrit M. Raymond Escholier [2], quand on sait à quel degré le proscrit de Guernesey subissait alors l'influence du spiritisme?... Ce ne sont d'ordinaire qu'apparitions, larves et fantômes. C'est ainsi que la Maison de Victor Hugo [2] possède une page semée de silhouettes bizarres exécutées de toute évidence une de ces nuits où le poète, brusquement réveillé, saisissait par terre les feuilles de papier qu'il griffonnait dans l'ombre. La genèse de ces formes confuses, ces mots inscrits

---

[1] Emile BERTAUX. *Victor Hugo artiste*, 1903. D'après R. ESCHOLIER, *loc. cit.*

[2] *L'art de Victor Hugo.* « Correspondant », du 25 mai 1925, p. 536.

[3] Le musée de la place des Vosges à Paris.

sur le feuillet nous la révèlent : « Ce que je vois dans l'obscurité. »

L'influence spirite se fait encore sentir, mais d'une façon moins immédiate, dans la technique de l'artiste et dans sa hantise de l'ombre.

« Pour fixer ses images nouvelles, Hugo, écrit M. Henri Focillon [1], inventa une matière et des outils... A l'encre, il mêle du café noir... L'artiste se servait de plumes faussées. C'est qu'elles crachent... Parfois il employait des allumettes cassées... Sur le dessin commencé... Hugo versait largement l'encre et le café et travaillait dans cette nuit mouvante qu'il répartissait à son gré, en tirant partie des hasards de la catastrophe. Et ce que l'on voyait d'abord, c'était l'essentiel, la tache et la lueur, le combat épique du jour et des ténèbres autour de grandes formes vaguement apparues qui semblaient onduler et se hérisser sous cette pluie de rayons, dans la marée montante des ombres. »

C'est le temps où le poète écrit à Baudelaire :

« Je suis tout heureux et fier de ce que vous voulez bien penser des choses que j'appelle mes dessins à la plume. J'ai fini par y mêler du crayon, du fusain, de la sépia, du charbon, de la suie, et toutes sortes de mixtures bizarres qui arrivent à peu près à rendre ce que j'ai dans l'œil et surtout dans l'esprit. » *(Lettre du 29 avril 1860.)*

---

[1] Henri FOCILLON. *Technique et sentiment*. (Laurens). D'après Raymond ESCHOLIER, *L'Art de Victor Hugo*, « Correspondant », du 25 mai 1925, p. 531.

Les ombres ! « Victor Hugo, a noté Émile Bertaux[1], reste le poète de l'ombre ; mais il ne l'a pas toujours été... Ce débordement d'ombres noires qui va s'étendre toujours plus épais sur la seconde partie de l'œuvre du poète » apparaît aussi dans ses dessins de l'exil, après septembre 1853. Dans le même temps que le poète écrit :

L'homme est brumeux ; le monde est noir, le ciel est
[sombre ;
Les formes de la nuit vont et viennent dans l'ombre
Et nous, pâles, nous contemplons...

l'artiste excelle à fouiller les ténèbres nocturnes, à en dégager l'horreur, à les animer de faces aveugles, sortes de larves phosphorescentes qui circulent dans une lumière rare.

A vrai dire, l'art plastique, mieux encore que l'expression littéraire, pouvait, en effet, traduire les rêves mi-conscients, les émotions hallucinées du proscrit. Ses dessins nous offrent la réalisation plastique de ses cauchemars spirites.

----

[1] *Victor Hugo artiste*, 1903.

CHAPITRE XXIV

Hauteville-House.

SOMMAIRE. — La maison de V. Hugo à Guernesey. — Le style spirite du mobilier : le fauteuil des ancêtres ! — L'aménagement de la maison : les cachettes. — Les inscriptions. — Les matériaux ésotériques. — Le contraste avec la maison de la place des Vosges.

Après avoir quitté Jersey, en octobre 1855, Hugo est venu se réfugier dans la petite île voisine de Guernesey. La maison qu'il y occupa de 1856 à 1870, Hauteville-House, existe encore, et ce n'est pas sans émotion que le visiteur y pénètre [1].

La demeure des grands hommes garde toujours, pour l'imagination, son prestige. Leur présence a communiqué aux murs une âme mystérieuse qui continue à vivre obscurément au cours des siècles. Mais ce qui rend la maison de Victor Hugo à Guernesey doublement intéressante, c'est qu'elle fut, autant que son habitation, son œuvre. Ouvrier de sa demeure, plus encore que simple occupant,

---

[1] Cf. *La Maison de Victor Hugo*, par ALEXANDRE (Hachette, 1903, in-4°) ; *Un pèlerinage à Hauteville-House*, par M. Gustave SIMON (les *Annales politiques et littéraires*, numéro du 9 novembre 1913).

il l'a organisée, transformée, meublée suivant ses goûts. En vérité, c'est la pensée même de notre poète, c'est son âme, et non pas seulement son souvenir, qui parle ici à nos yeux et à notre cœur.

C'est là-haut qu'il forgeait son œuvre formidable entre ciel et terre, le plus près possible des astres, dans ce *look out* vitré dont il avait fait surmonter sa maison. Il aimait y travailler, baigné de lumière, dans le plus simple appareil, vêtu de sa seule humanité ; et, plus d'une fois, le visiteur inattendu a surpris la blanche apparition dans sa cage de... verre.

Négligeons le jardin, plein en 1860 de mauvaises herbes non foulées et de crapauds respectés qui abusaient de leurs métempsychoses. Une fois franchi le seuil de l'étrange demeure, l'intérieur ménage au visiteur de bien autres surprises. Dans le salon, les portraits des ancêtres. Il sont tous là, depuis le Christ jusqu'à Molière, en passant par Moïse, Dante, Homère, Eschyle, les apôtres et les génies dont le maître de céans continue la lignée et qui, tous, animèrent les tables de Jersey. Dans la salle à manger leur fauteuil les attend, le fauteuil ancestral, offert à leurs invisibles présences, et qui porte cette mystérieuse devise sur le dossier : *Absentes adsunt* [1].

« Ce fauteuil des ancêtres, remarque fort bien Gustave Simon, avec sa chaîne qui empêche les vivants de s'y

---

[1] C'est-à dire : *Les absents sont là.*

asseoir, avec son inscription : *Absentes adsunt*, qui laisserait croire que des êtres invisibles viennent y prendre séance, ce fauteuil prouverait à lui seul que la croyance aux fantasmagories hante toujours les imaginations dans la maison [1] »

Le style spirite de ce fauteuil ne détonne point dans le mobilier qui est des plus hétéroclites. Tous les goûts successifs de l'auteur des *Orientales*, de *Notre-Dame de Paris*, du *Sultan Mourad* et de *Zim-Zisimi*, se retrouvent dans une profusion de laque rouge, de tapisseries orientales lamées d'or et de verre, de panneaux gothiques, et de chinoiseries de toutes sortes. Ici, une grande pagode de jade, là des magots, partout des magots, « peints par le poète lui-même sur les panneaux des portes, des fenêtres, des plinthes, des encadrements... non seulement dans le salon, mais encore dans le look-out, cette fameuse cage de verre qui lui servait de cabinet de travail [2] ».

On retrouve dans l'aménagement de la maison l'appétit du mystère, le goût du merveilleux que Victor Hugo hérita des tables ou exacerba dans leur fréquentation. Partout des cachettes, même au plafond.

« Les vraies cachettes, écrit Gustave Simon, les vraies cachettes, l'œil ne les aperçoit pas tout d'abord, tant

---

[1] G. SIMON. *Un pèlerinage à Hauteville-House*, « Annales politiques et littéraires » du 9 nov. 1913.

[2] P. BERRET. *Le Moyen-Age européen dans la Légende des Siècles*, p. 78.

˜elles sont soigneusement dissimulées et ingénieusement masquées. Là où l'on croit voir un simple mur, avec une clef on tire un fragment de paroi, on trouve une cachette ; là où l'on ne soupçonne qu'une tenture, on ouvre, ce sont de petites planchettes superposées ; ce qui semble un motif décoratif, c'est un tiroir.. On s'imagine avoir tout vu ; dans un angle, on aperçoit une petite rainure, c'est une minuscule armoire... Toute la maison est machinée[1]...»

D'innombrables inscriptions sollicitent le regard, la plupart latines. Sur la porte d'entrée : *Ama. Crede.* Dans le vestibule : *Ave* ! Dans la salle à manger : *Ede, i, ora.* Ailleurs encore : *Spiritus flat ubi vult. L'exil, c'est la vie. Homo Deus.* Partout mêmes sentences lapidaires, dans l'escalier, sur les meubles, sur les murs, dans les chambres et jusque sur les rochers du jardin. En écartant un éventail de lierre, on découvre par exemple ce vers gravé dans la pierre :

> Immensité, dit l'Etre. Eternité, dit l'Ame.

qui semble extrait des révélations du Galilée jersien. Nous savons déjà que la devise *Ede, i, ora,* a été dictée par les Tables. L'ensemble de ces inscriptions constitue le catéchisme hugolien, et accuse le caractère symbolique de la décoration et du mobilier.

Ce symbolisme ne nous apparaît pas toujours clairement. Il existe pourtant jusque dans le choix

---

[1] *Annales* du 9 novembre 1913.

des matériaux : rétables d'autels, stalles d'église, crédences de sacristies, boiserie de chœurs, statues et images sacrées. Des préoccupations ésotériques ont présidé à ce choix, et ont inspiré l'ouvrier.

Car, encore une fois, Hugo est le principal ouvrier de son étrange menuiserie. A la fois sculpteur sur bois, ébéniste, décorateur, pyrograveur, il s'est fait un appartement à la ressemblance et à l'image de son âme mystérieuse. Demeure déconcertante, à la fois sanctuaire, chapelle funéraire, monastère, pagode, musée rétrospectif, palais de Mille et une nuits, caverne d'Ali-Baba, salle du Pandémonium. Mais pas plus déconcertante à coup sûr que le maître de céans, à la fois prophète, mage, messie, homme, archange, demi-dieu : Victor Hugo.

Entre le confort bourgeois et banal de sa maison de la place Royale, qui fut la sienne jusqu'à l'exil, et sa résidence de Guernesey, il existe les mêmes différences, les mêmes oppositions qui nous frappent dans son art et dans sa vie entre les deux époques séparées par la date fatidique de 1853.

APPENDICE

La clef du mystère?...

SOMMAIRE. — « Transmission de pensée »? — La pensée de qui? — Tient-on l'explication du mystère?

Est-il possible de pénétrer le mystère des *Tables de Jersey?*

« Nous continuons à croire, écrit M. Paul Berret, en 1927, après la publication des Comptes Rendus des Tables, qu'il n'y a eu dans les séances de Jersey, que de simples phénomènes de transmission de pensée [1]... »

Dès 1913, dans un article du *Correspondant* consacré à *Victor Hugo spirite*, je penchais moi-même vers cette solution. J'inclinais à penser que les communications provenaient de la « mentalité » latente de l'illustre expérimentateur. Je ne sais quelle *aura* mystérieuse, émanée de sa personne, aurait enveloppé le guéridon. « On dirait, écrivais-je, qu'un double du poète anime la table

---

[1] Paul BERRET : Compte-rendu des *Tables tournantes de Jersey*, dans la *Revue d'histoire littéraire de la France* de avril-juin 1927, p. 275.

14

parlante, qu'une télépsychie secrète rayonne de lui inconsciemment et unit sans fil à ce bois toutes les fibres de son cerveau. » Toutes les émissions mentales auraient eu pour foyer le cerveau du poète.

Je ne connaissais alors que des extraits fort insuffisants des Procès-Verbaux des séances. Aujourd'hui que ces Procès-Verbaux ont paru, mon opinion est plus nuancée. Je la donne pour ce qu'elle vaut ; mais si peu qu'elle vaille, il va sans dire qu'elle s'applique seulement au cas de Jersey, et que l'on ne peut rien en préjuger touchant le problème général des Tables.

Voyons d'abord la question de fait. Hugo assiste à la plupart des séances. Mais il ne figure jamais parmi les opérateurs qui imposent les mains au guéridon. Le plus actif, le plus sensible de ces opérateurs, c'est Charles Hugo. En son absence, la table se tait ou ne fait que des réponses balbutiantes, évasives, insignifiantes. D'autre part, la table, dans ses réponses en vers et dans ses longs discours philosophiques, parle et pense comme Victor Hugo : c'est un point que nous croyons avoir suffisamment établi.

Que faut-il inférer de ces observations? Est-ce la pensée de Hugo qui anime la table? ou celle de Charles Hugo? ou celle de quelqu'autre des assistants?

Aucune de ces trois hypothèses ne répond à la généralité des cas.

A la séance du mercredi 7 juin 1854, un Anglais, M. Pinson, qui ne marque aux tables aucune confiance, les interroge en anglais sur des affaires de famille connues de lui seul. Personne parmi les assistants ne sait l'anglais. Les réponses qu'il obtient sont telles qu'il ne peut en contester l'exactitude. A la même séance, Kesler, un autre réfractaire, fait subir à la table une épreuve semblable dont elle sort également victorieuse :

« KESLER. — Je pense un mot ; veux-tu le deviner?

LA TABLE. — Augusta.

KESLER. — C'est bien cela, veux-tu en deviner encore un?

LA TABLE. — Florence.

KESLER. — Oui. »

L'action de Victor Hugo ou de son fils Charles ne saurait être ici envisagée.

Les autres réponses, du moins j'entends les vers et les longs discours philosophiques, émanent-elles de Victor Hugo? L'hypothèse ne peut être écartée à priori. Mais alors il faut admettre :

1º La parfaite bonne foi de Victor Hugo. Il prend les choses trop au tragique pour ne pas les prendre au sérieux. La déférence avec laquelle il recueille les révélations des esprits et se soumet à leur influence atteste l'inconscience de toute intervention active. Il croit sûrement aux tables. Sa foi nous garantit sa bonne foi. Le soin qu'il prend à l'occasion de s'informer de l'identité des esprits suffirait à nous convaincre qu'il ne songe guère à une confusion possible de son moi avec le leur.

V Hugo. — *Qui es-tu?* L'ombre. — *Es-tu l'ombre de quelqu'un?* — Du sépulcre. — *Peux-tu nous dire ton nom?* Non. — ..... *Le monde auquel tu appartiens est-il la continuation de cette vie?* — Non. — *Cependant, tu as vécu?* — Non. — ..... *Tu es un ange?* — Oui. — *L'ange de la mort?* — Oui.

(Et comme l'ange mystérieux semble à un moment interpeler des esprits : Esprits venez ici !...)

V. Hugo. — *Les esprits que tu appelles ici ont-ils vécu de la vie des hommes?* — (Pas de réponse.) — *Peux-tu répondre?* — Non. — (Agitation de la table.) — *Puis-je te calmer?* — Non. — *Es-tu un esprit heureux?* Le bonheur n'est qu'humain, il suppose le malheur. — ..... *Si nous nous conduisons bien dans cette vie, pouvons-nous espérer une vie meilleure?* — Oui. — *Si nous nous conduisons mal, aurons-nous une vie plus douloureuse?* — Oui. — *Les âmes des morts sont-elles avec toi?* — Sous moi. — *Tu dis que tu es tout et partout : es-tu Dieu?* — Sur moi.

2º L'influx psychique se produit à l'insu de notre poète, et parfois même hors de sa présence immédiate, j'allais écrire : en son absence.

Aux séances des 22, 25, 27 et 29 janvier et 1ᵉʳ février 1854, l'esprit qui anime la table déclare être Shakespeare. Et il dicte trois pièces qui contiennent, ma foi, de fort belles strophes, dignes du meilleur Victor Hugo. Or le poète s'est absenté plusieurs fois au cours de ces séances et la dictée poétique n'était pas interrompue pour autant. Ensuite les vers dictés par Shakespeare ne satisfont pas toujours Victor Hugo qui intervient, à diverses reprises, pour proposer des modifications que l'esprit tantôt accepte, tantôt repousse. Ces observations de Victor Hugo suffiraient déjà à démontrer que, s'il participa à l'inspiration de ces vers, ce fut en tous cas à son insu.

Rappelons-nous encore la séance chez Léguével, où furent dictés les vers d'André Chénier : Hugo n'y assistait pas.

Le mystérieux animateur serait-il donc Charles Hugo? Ce serait lui faire beaucoup d'honneur. Si Charles est capable de composer, au pied levé (c'est le cas de le dire), les admirables poèmes du Lion, d'Eschyle, de Shakespeare, ou de l'Ombre du Sépulcre, alors il faut placer sa faculté poétique et sa puissance verbale bien au-dessus de celles de son père : la merveille ne serait pas qu'il eût improvisé de tels vers, mais que jamais avant, et jamais après les séances fameuses, il n'eût donné la preuve ni la mesure d'un si prodigieux talent. « Charles n'est pas un improvisateur en vers, remarque fort justement M. Gustave Simon dans l'Avant-Propos de sa publication des *Tables* (p. 18). Ensuite il est médium, détenteur d'une grande puissance de fluide, suivant l'expression consacrée, on pourrait dire médium favorisé des esprits... Or cette fonction de médium est fort absorbante et assez épuisante. C'est le récepteur quotidien de toutes les séances. Et Charles Hugo, qui est cependant un homme solide, mais un esprit un peu nonchalant, demande parfois la suspension ou la clôture anticipée des séances parce qu'il se sent trop fatigué. Et on voudrait lui attribuer en dehors de la fonction de médium, la fonction de poète, la fonction d'esprit de la table? Voilà bien des fonctions pour un rêveur un peu indolent. Cette supposition est inadmissible ; il n'est qu'un intermédiaire et je ne vois pas, parmi les assistants, un seul d'entre eux susceptible d'improviser, sans hésitation, les vers dictés par l'Ombre du Sépulcre.»

L'hypothèse d'une « transmission de pensée » soulève donc bien des difficultés de fait. Mais enfin supposons-là solidement établie ! C'est la pensée de Victor Hugo qui se communique au guéridon par l'intermédiaire de Charles. Soit. Le fait de cet hugoïsme des tables est assez manifeste pour qu'il n'y ait pas grande nouveauté à le proclamer, ni grand mérite à le reconnaître. Mais ne croyons pas avoir donné par là une explication du mystère. Parler de transmission de pensée me semble bien être une pure tautologie. Constater un fait (en admettant, encore une fois, que celui-là soit dûment constaté), ce n'est pas l'expliquer. Le véritable problème n'est pas psychologique, mais réel. Les observations recueillies dans cette étude sur les séances de Jersey aideront peut-être les spécialistes à trouver une solution à ce problème de métapsychisme. La parole est aux savants, et sans doute aussi aux théologiens. En attendant, le mystère reste entier.

TABLE DES MATIÈRES

<hr>

2me PARTIE

L'influence des tables sur V. Hugo

SECTION I : **L'HOMME**

Section II : **LE POÈTE**

Sommaire. — Caractères généraux de l'œuvre exilienne. — Le décor surnaturel. — Apparitions et voix. — La forme surnaturelle. — Endor. — Le flou des contours. — Le mot *abîme*. — Le vocabulaire hugolien après 1853. — Le biblisme. — L'œuvre posthume. — L'influence prépondérante des tables.

Sommaire. — Répartition chronologique des *Contemplations*. — Le souvenir de Léopoldine. — Les tables et *Au bord de l'infini*. — Quelques titres significatifs. — Les allusions aux faits. — Les allusions à la doctrine. — L'inconscience du poète.

Sommaire. — La pièce fut écrite sur l'invitation des Tables. — Le contenu spirite : la doctrine. — Expressions empruntées aux tables. — « Le ver Cléopâtre ». — « La gradation de la prison au bagne ». — Place capitale de *Ce que dit la Bouche d'Ombre* dans la poésie exilienne.

Section III : **L'ARTISTE**

LYON. — IMP. EMMANUEL VITTE, 18, RUE DE LA QUARANTAINE. — 5086.